U0458762

二七塔

一座城市的精神造像

婴父 著

河南文艺出版社
·郑州·

图书在版编目（CIP）数据

二七塔：一座城市的精神造像/婴父著. —郑州：
河南文艺出版社,2021.7
ISBN 978-7-5559-1161-6

Ⅰ.①二… Ⅱ.①婴… Ⅲ.①城市文化-研究-
郑州 Ⅳ.①G127.611

中国版本图书馆 CIP 数据核字（2021）第 094712 号

策　　划　党　华
责任编辑　党　华
责任校对　赵红宙
书籍设计　吴　月
责任印制　陈少强

出版发行　河南文艺出版社
本社地址　郑州市郑东新区祥盛街 27 号 C 座 5 楼
邮政编码　450018
承印单位　河南瑞之光印刷股份有限公司
经销单位　新华书店
纸张规格　890 毫米×1240 毫米　1/32
印　　张　7.25
字　　数　129 000
版　　次　2021 年 7 月第 1 版
印　　次　2021 年 7 月第 1 次印刷
定　　价　56.00 元

印厂地址　河南省武陟县产业集聚区东区（詹店镇）泰安路
邮政编码　454950　　电话　0371-63956290

目　录

壹　历史事件现场

郑州本是一座古城。直到清末民初，郑州还保留着相对完整的古代城池体系。

《民国郑县志》载明了郑州城池的基本情况：

唐武德四年建。周围九里三十步，高三丈五尺，顶阔两丈，趾宽五丈。隍宽四丈，深二丈五尺。城门四：东寅宾，西西成，两门相对。南阜民，北拱辰，两门不相对，南门偏西，北门居中，各有楼在月城上。城上郭门四：东"东望奎躔"，西"西维禹甸"，南"南瞻舜日"，北"京水朝宗"，今毁。州城东西延长，南北微狭。

《民国郑县志》还简略记载了宋代、明代、清代官吏修葺城墙的史实。

✢✢

今天能够见到的最早的郑州方志明代《嘉靖郑州志》和后来的清代《康熙郑州志》《乾隆郑州志》中关于郑州城池的描述与《民国郑县志》大体相同，也都把郑州城的建造时间确定为唐武德四年，口径完全一致。

这种认知在1950年代之前肯定是标准答案，无人质疑。但到了1950年，情况发生了逆转。这年秋天，南学街小学教师韩维周（1920年代就学于开封河南国学专修馆，毕业后曾追随李济先生从业考古工作，参加过安阳殷墟发掘等项目，其实是位落魄的考古专家）到城南二里岗一带散步，在市政工程施工现场发现了新挖出的带有绳纹的陶片，他既讶异又惊喜，初步判断为商周古物，便上报政府，希望尽快组织考古发掘。韩维周先生无意中成为破译郑州古城秘史的先行者。1952年开始，大规模的考古发掘在郑州拉开序幕，1955年发现了郑州商代都城遗址。此后数十年，随着考古成果的日积月累，经过考古学界、历史学界、城市学界专家学者的广泛参与和反复论证，郑州"商城遗址"被确认为汤武大帝推翻夏朝建立商朝的开国之都"亳都"，碳14测定结果显示，亳都城建成已有3600多年的历史。从商汤开始，商王朝五世十王都盘踞在这里，亳都承担都城职能的时间前后长达二百余年。亳都遗址的面积约25平方公里，以全球视野看，这在当年世界各个文明古国中都是无与伦比的。亳都四面城墙的位置，落脚到今天郑州城市路网上看，南城墙在今天的城南路一带，东城墙在今天的城东路一带，西城墙在今天的杜岭街和南顺城街、北顺城街的连接线一带，北城墙则在金水路南侧一带。整个城区的规模，相当于明清之间的北京城。"亳都"之说尘埃落定之后，郑州因而名列"中国八大古都"。以年资论，还成为其他七座城市(安阳、西安、洛阳、开封、杭州、南京、北京)的兄长。

商代亳都的城池到周朝开国时变成诸侯国管国 (周文王之子管叔的封国)都城。几经兴衰，繁华落尽之后，汉代时北部城墙大幅度内缩，北城墙位置由现在的金水路向南退缩到城北路一带，东、南、西城墙的位置则一仍其旧。城内区域的规模这时只相当于亳都旧制的一半还弱。唐武德(唐朝开国皇帝李渊的年号)四年，征讨割据政权的战事尚未结束，平定王世充的"郑国"之后，唐高祖便立即重整郑州州级行政建制，划定州统区域，沿袭汉代城墙格局大举重修州城(管城)，数年后这里正式成为郑州治所。这大概就是明清和民国方志关于郑州城建城说法的由来和依凭。

郑州作为州(府、郡)级行政建制，始于隋，终于民国。而郑州州城(管城)并非平地而起,它是借用、整合、重建商代亳都城设施形成的城池, 不同朝代不同时期的文化层在同一个基础上不断累积、层层堆叠,一直在传承,从来未荒废,郑州是华夏文明中源远流长的城市文化的重镇和标志性城镇。

到了民国时期,郑州改称郑县。1927 年冯玉祥将军就任国民革命军第二集团军总司令;一个月以后,又被武汉国民政府任命为河南省政府主席。冯玉祥主豫后重视郑州的战略地位有甚于省会开封,做了不少发展经济、改善民生、扶危济困的实事。1928 年 2 月,冯玉祥将军下令筹建郑州市,委任王玉廷主持市政筹建处;同年 4 月,改市政筹建处为市政府,委任刘治洲为市长。这段浅埋于郑州地方史志资料的史实很容易被忽略和遗忘,应当引起我国现代史与城市史学者的重视——从这时候起,古都林立的中原大地第一次诞生了现代体制意义上的城市。

但是,冯玉祥又是郑州城的破坏者。他下令拆除城砖用以铺装市政道路,兴建平民宿舍。据史料记载,不到十天,共拆得青砖700 多万块。几个昼夜之间,郑州城被打回到明朝以前的模样,赤身裸体,满目疮痍,形销骨立。郑州城从此失去整体性和功能性,变成了一圈残垣断壁。抗日战争期间,郑州多次遭到日军飞

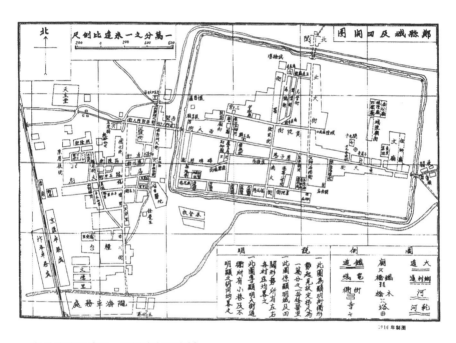

郑县城及四关图　郑州地方志资料

‡‡

机轰炸,城墙被炸得千疮百孔,毁坏殆尽。

可惜一座几乎贯通整个中国历史年表的巍峨古城,在 20 世纪上半叶被迫退出了这座城市的景观与空间体系。

从 1916 年版的《郑县城及四关图》上可以清晰地看到,当时郑州城有一条贯通东西的轴线, 这就是首尾相连的东大街和西大街,合称东西大街。顺西大街西行,穿过西城门再往西,路名就改称西门大街了。再往西行数百米,路名又改称西郭门大街。街名的变化, 显现出这座古城曾经拥有过的规范的城郭体制和严整的空间秩序。西郭门大街的西端与金水河(旧河道)相遇,于是, 一座小桥便应运而生如约而至。在同一地点汇合的城市街道,还有德化街和长春街(今二七路)。

小桥名叫长春桥,据说得名于唐代魏征诗句"茫茫禹迹,浩浩长春"。初建时是一座木结构的老桥,架设在金水河上,年久失修,人车通行有安全之虞,1923 年即京汉铁路大罢工那年,郑县政府筹款改建为砖石结构拱桥,桥宽约 6 米,长约 30 米,桥下两孔,东西各嵌"长春桥"石额;桥两端立有木制灯杆,灯杆上安装了燃油路灯。长春桥以西,是成片的贫民区棚户区,间有一些店铺门面。金水河河床较浅,河道弯曲,一到雨季便泛滥成灾,长春桥周围商家住户屋中纷纷进水,街道上更成了汪洋泽国。1939年底郑州官民士绅组成"整理河道工程委员会",启动金水河改道工程,从菜王村(今中原路与大学路交汇处)附近开始,将金水河折行向东改为转向东北,绕城而过,形成现有河道线位。由此向东的老河道没有完全填埋,存续至新中国成立初期。1950年郑州市重新规划修建市政设施,填平了老河沟,河两侧顺河街、迎河街两条小路并作一处,拆迁居民574户,拆除房屋1414间,建成一条两块板断面、中间设有花坛的新街(郑州市新建的第一条混凝土路面的街道)。因为1948年刘邓大军的队伍是沿着这条线路进入郑州城区的,所以,将新街定名为"解放路"。这时候,长春桥桥墩、桥板和护栏被全部拆除,桥基被新修建的二七广场覆盖。长春桥由此退出郑州人的生活空间和桥涵序列,但作为一个历史地名和一个历史事件的现场,它却永载史册。

长春桥是一处经历过血雨腥风的悲怆之地。1926年10月15日(农历九月初九),两位二七工运领袖因在京汉铁路线上配合北伐军行动而遭直系军阀抓捕杀害。法场就在长春桥西南近在咫尺的五虎庙前。刽子手在行刑之后,将两颗人头悬挂在长春桥灯杆之上。

✝

　　这两颗人头的重量,从此等同于一段郑州现代史的重量。处死人犯,枭首示众,在中国这是始于秦汉的一种酷刑,统治者用以屠戮重犯,警儆社会。受刑者死无完尸,身首异处,观望者如刀加颈,如芒在背。头颅是生命的标志,尊严的象征,而敢于抛头颅,不怕掉脑袋,"砍头全当风吹帽",却是历史上无数革命者引为自豪的特殊精神境界。这些不同历史时期的革命者陷身于不尽相同的险境,坚守着不尽相同的信念,相同的是,他们都把舍身取义视作他们自己今世今生光荣的归途。

　　两颗血肉模糊的头颅默然无言,在长春桥头挂了整整一周,没有闭合的眼睛七天里日复一日守望着身边这座已有 3600 年历史的灰蒙蒙的城池。两位烈士一位名叫汪胜友,一位名叫司文德(不少人因为缺乏对这段历史细节的了解,而把两位的名字误记为名气更大的 1923 年在武汉就义的二七烈士施洋、林祥谦),1923 年参加由中共发起和领导的京汉铁路大罢工,率领铁路工人反抗北洋军阀的黑暗统治,大罢工失败后,两人继续投身工运,1925 年京汉铁路总工会及郑州分工会恢复时,汪胜友被推举为郑州分工会委员长,司文德担任工务处工人总代表。1925年 8 月,汪胜友、司文德协助郑州豫丰纱厂工会领导罢工,迫使

1920 年的郑州火车站天桥　摄影　佚名

1923 年的郑州火车站　摄影　佚名

✝✝

资本家答应罢工条件，达到罢工目的，取得令人鼓舞的胜利。1926年7月，为了配合北伐军打败军阀吴佩孚，汪胜友、司文德组织的工会小组经常在铁路上进行破坏活动，使吴佩孚的军车屡受损失。吴佩孚败退郑州后，接连张贴布告，派出侦探，四处缉拿工运领袖。1926年10月6日，由于叛徒张世荣等人告密，汪胜友、司文德落入敌手，10月15日，吴佩孚以"有破坏黄河铁桥嫌疑"的罪名，将两人杀害于郑州西关五虎庙。刽子手残忍地割下烈士头颅，用铁丝串在一起，出五虎庙向东步行百余步，将之悬挂在长春桥头。五虎庙的位置，就在今天的二七广场西南(已拆除的二七宾馆位置)；长春桥的位置，就在今天的二七塔塔身之下。

许许多多的城市，在发育、发展的过程中，发生过这样那样的或悲壮惨烈或浪漫动人的故事，在城市内部街衢纵横之中，散布着不同的历史事件的现场。岁月漫漶，沧海桑田，城市的空间结构、景观结构会出现较大调整，城市旧有的容颜有时候会变得难以辨识，但是，这些历史事件的现场——具有特殊意义的场所却是不可复制、不会动迁、不能重建的，它们具有超稳定的特性，牢牢地固守着特定的地理坐标，亘古不移。这些历史事件尤其是重大历史事件的现场对于一座城市而言，既是特殊的空间资源，又是可贵的精神文化资源，是一座城市区别于其他城市的深层的人文地理结构，是不同的地域文化的决定性因素。它们会长久地顽强地对城市性格产生暗示和规定作用。长春桥，就是这样一个地方。

　　需要补充记述的是，汪胜友、司文德就义后，身上的衣裳鞋袜被"地保"扒光，两具无头的尸体被运送到西城墙根(今人民路商城遗址，俗称三角公园)外侧挖坑浅埋了。据司文德之孙司斌克讲述(2004年3月4日，访谈者婴父、程忠民)，汪胜友、司文德的铁路工友们半夜里把两具尸体扒了出来，重新装殓。汪胜友是安徽省巢县(今巢湖市)人，时年55岁，没有妻室儿女，皖籍乡亲将他送回老家，埋葬在背靠青山面向巢湖的山坡之上。司文德则葬在碧沙岗(旧称老冯义地，即今碧沙岗公园)，再后来，工会组织重置棺木，在火车上专挂一节车皮，将遗体运回他的故乡河南汤阴老家，安葬在县城西五里岗上。司斌克曾听他的奶奶——司文德之妻李氏讲过，工友们从西城墙根把司文德的尸身挖出来时，通体上下还是温软如生的。当时李氏抚尸大恸，泪如雨下，哽咽着说：知道你做的是正直之事，死得冤屈！一边哭一边用水和面，捏了一个人头状的面坨坨装在司文德那倔强不屈的颈项之上，算是凑成整尸，全身而葬。司文德在郑州铁路工人中是一

✛✛

位有影响的青年领袖,平素喜好结交,行侠仗义,爱憎分明,刚猛英锐,放声大笑时声震屋瓦;出生于 1896 年,参加二七大罢工那年,不足 27 岁;就义那年,年仅 30 岁。

1952 年 2 月 7 日,郑州地区铁路职工和郑州市各界群众一万多人,在二七广场举行大规模纪念活动,公祭烈士汪胜友、司文德, 公审当年向反动当局告密并参与捕杀两位烈士的凶手张世荣,张犯经郑州市人民法院判决,当场在二位烈士枭首示众的地点伏法。镇压京汉铁路工人大罢工制造二七血案的主犯、当年的京汉铁路管理局局长赵继贤,则提前于 1951 年 5 月在苏州被逮捕归案。考虑到郑州和武汉在二七大罢工中双城联动的特殊关系和两市民众对二七烈士共有的深厚感情, 中央指示此案要先后在两地公审而后执行。1951 年 7 月 8 日郑州举行公诉大会,随后河南省人民法院依法对赵继贤做出死刑判决,1951 年 7月 16 日在武汉市汉口江岸车站二七烈士林祥谦、施洋当年就义的地方对赵继贤执行枪决。

历史时空,如此轮转。

二七烈士司文德之孙——郑州铁路局车辆段工人司斌克
2004 年　摄影　婴父

✥

贰　故事演绎为景观

新中国成立后,汪胜友、司文德被人民政府追认为二七烈士(尽管他们就义于1926年而不是1923年二七工运当时,但他们的身份、事迹、遇害的直接和主要原因都是由二七工运决定的),长春路更名为二七路。1951年郑州市在整修道路时,将长春桥旧址扩建为街心广场并以"二七广场"命名,以示不忘历史,追怀先烈。这时的广场,以今天的标准看,不过是不大的交通环岛,环岛中部为配合1951年秋天在郑州举办的城乡物资交流大会的宣传需要,建起一座高约21米的非永久性的多面体木塔,平面为六角形(《郑州市志·文物卷》误记为三角形)。木质构架,外表用木条等距布置斜向交叉制作成网状结构,塔的上部攒尖收拢,塔尖红星熠熠。当年在郑州高等工业职业学校读书,20世纪80—90年代担任河南省建设厅副厅长、河南省城市规划学会会长等职务的刘征远先生对建造木塔的情况记忆犹新。据他回忆(2004年2月26日,访谈者婴父、程忠民),1951年10月份举办城乡物资交流大会之前,才紧锣密鼓修通了北二七路(原名叫新市场街),因为喜爱画画儿,他和同学被抽选到物资交流大会上画大幅招贴——画一幅河南省地图,画上哪个地方出产花生,哪个地方出产大枣,哪个地方出产黄花菜,把全省的农副土特产品都画到图上去。正是在那个时候,修建了二七广场中的木塔——实际上本意是要建造一座兼有宣传和导向功能的醒目的标志物,既烘托物资交流大会的热闹气氛,又有招徕客商、导引客流的作用。塔身各面上饰以标语口号:"发展经济,保障供给""城乡互助,内外交流"……之后,随着政治时局的变化,塔体的标语口号文字也处在变化之中:"人民公社万岁,大跃进万岁""伟大的中国共产党万岁""全世界人民大团结万岁"……木塔承载了政治宣谕的媒体功能。城乡物资交流大会结束后,木塔没有拆掉,继续留置原地。因处在二七广场之中,且造型挺拔,尺度适当,它的形体与高度为平淡的街景平添了焦点和高潮,成为城市中心的优美景观,深得市民百姓的喜爱。市政部门多次对木塔修缮和装饰改造,并添加了彩色灯泡和广场照明街灯,到了晚上,华灯齐放,明丽动人,所以郑州市民喜欢称之为"灯塔"。它高耸的形体有一种凛凛然的纪念碑式的气质,丰富了二七广场的文化意蕴,强化了历史遗址的纪念效果。郑州人天长日久,约定俗成,便将木塔看作是"二七纪念塔",把它当作一个正式的纪念设施,一

✝✝

个郑州市的地理标志。每逢二七纪念日,一些学校和企业会自发来到这里,举行悼念活动。这种局面整整维持了 20 年之久。

20 年漫长的岁月中,改建二七塔的动议时隐时现。每年郑州市总工会的代表会议上多多少少都会出现这样的呼声。1964年,一位二七老工人不满于二七木塔"因陋就简""将计就计"的现状,向市领导上书,要求郑州向另一座"二七名城"武汉学习,建设一座真材实料的二七纪念碑——建议建造碑而并非塔——因为江城武汉建成的是纪念碑,毛主席还亲笔题名,成为武汉市的著名景观。武汉二七纪念碑落成于 1958 年,毛泽东主席满足纪念碑筹建机构和湖北省委领导的请求, 前后两次挥毫题写碑名:"二七革命纪念碑""二七烈士纪念碑",足见最高领导人对中共党史上这一历史事件的高度重视。

事实上,郑州刚刚解放时,新组建的郑州市委就敏锐地意识到二七工运作为红色文化资源的价值,1949 年 1 月即作出《中共郑州市委关于开展以民主运动纪念二七的决定》,设立二七纪念周,召开二七座谈会,2 月 7 日当天多家工厂分别组织了纪念活动,当晚还在城内举行了火炬游行。1951 年郑州市人民政府决定在钱塘路二七大罢工发祥地,暨京汉铁路总工会成立大会

新中国成立初期二七广场一带的面貌。这张照片是能够见到的二七广场最早的
影像资料

✝

旧址"普乐园"兴建二七纪念堂,经过紧锣密鼓的前期准备,该项目于当年9月破土动工。纪念堂占地面积3990平方米,建筑面积2225.12平方米(以后又有加建内容),主体为砖结构,屋顶为钢架结构;建筑功能为纪念、展览、会议、职工文娱活动等;承建单位为河南省建筑公司,设计者为河南省建筑公司工程师室;建设资金系多方筹措而来:郑州铁路局工会出资20亿(旧币,相当于20万),义马煤矿捐赠5亿元,全国总工会、河南省总工会、郑州市总工会各出资5亿元,总投资40亿元。这在当时是一个不小的数目。据时任郑州一区(管城区前身)负责人,后来担任中共郑州市委常委、市委统战部部长的百岁老人朱翔武回忆(2020年11月10日,访谈者婴父、李建梅、朱宝山),兴建二七纪念堂是郑州市人民政府成立后的首任市长宋致和亲自提出动议、亲自推进实施的,并且在协调筹措资金、确定建设方案方面做了许多具体工作。纪念堂于1951年秋开工,一年后建成,1953年2月7日举行了正式启用的仪式——这是中华人民共和国成立后全国最早兴建的革命史迹纪念建筑之一,也是国内首座二七主题纪念设施,比武汉二七烈士纪念碑的落成时间早了6年。即便如此,郑州市委市政府仍然尊重二七老工人的感情,决定采纳在二七广场立碑的建议,再修建一处新的纪念设施。郑州市建设局受命开始启动前期工作。

① | ②

① 1968 年二七塔改造方案图之一。图中说明文字较为简洁,只在原木塔基础上稍有改变和加高:主体结构为塔身塔座砖砌,塔尖用铁架铁皮;平面采用小八角形(四大面、四小面);塔座四大面画画,四小面写语录;塔身四大面写标语,四小面凸出(有一小面设爬梯上人);塔身上部四大面做主席像,四小面作装饰;工程概算仅为一万元。

② 1968 年二七塔改造方案图之一。图中说明文字是典型的文革语言:本设计以突出伟大领袖毛主席的形象、表现战无不胜的毛泽东思想和歌颂永远正确的毛主席的无产阶级革命路线为最高准则,为中心课题;本设计反映历史上"二七"大罢工革命斗争史实,更着重表现今天的文化大革命(包括我省我市二七战士革命造反事迹),以资纪念和发挥教育鼓舞作用。碑顶屹立着毛主席的高大塑像,一手拿着社会主义、共产主义革命和建设的战略部署和蓝图,一手挥舞,号召继续前进,投入新的战斗,从胜利走向更大的胜利……

✝

　　于是，时任郑州市建设局技术室主任的叶运奎工程师奉命踏上外出考察的旅途，任务是遍访国内名碑，借鉴设计经验——当时设计方向很明确，就是要搞一个纪念碑式的构筑物。叶运奎先生后来长期担任市规划局总工程师一职，主持编制、评审、论证的城市规划建设技术方案不计其数，是郑州市规划与建筑界的元老级人物。据叶运奎先生回忆(2005年1月1日，访谈者婴父、张胜利、司秒争)，1964年4月，他带了助手开始上路，北上南下，先后去过武汉、沈阳、长春、哈尔滨等城市，古典的现代的，塔尖上架飞机的驮坦克的站着人物造像的，各种碑体一一观摩，大开眼界，犹嫌不足。又心生一计，顺道来到北京，这时恰逢"五一"，找到新华社资料室，自报家门，说明来意，请求帮助——请他们利用涉外信息渠道的优势，帮助查找提供国际上关于纪念碑的图文资料。没想到新华社的同志古道热肠，急公好义，不辞辛劳，费了好几天的工夫，找到了一两百例苏联、欧美纪念碑的图片。对这种无私的协作精神叶运奎十分感动，连连称谢，他手摹心会，翻拍复制，兴高采烈，满载而归。

　　叶运奎考察回来后，趁热打铁，立即开展下一步的工作，按照既定安排在《河南日报》上发出通告，在全省范围内公开征集郑州二七纪念碑设计方案。这种博采众长汇集民智的做法,当时在国内并不多见。结果,一呼百应,反响强烈,全省大专院校、设计院所众多工程技术人员纷纷动手,投入创作,很短时间内就提交了一大批各具特色的方案设计成果,形形色色,让人看了眼花缭乱。但实事求是地评论,令人满意可供选用的方案并不多。因为外地设计者对郑州二七广场面积有限且类似于交通环岛的具体情况并不了解,往往把方案搞得尺度失当;还有一些设计者没有弄清郑州二七大罢工事件和人物的特点,他们参照的史实大多以汉口二七大罢工为蓝本。在应征方案中,市领导反复挑选,认真研究,确定河南省建筑设计院一位姓孟的工程师的方案中选(多棱的碑体,顶部是一笠帽),决定以此为基础,优化之后定稿。尽管大家意见不尽一致,市领导还是下了决心,准备付诸实施。这时候已经是1965年初了。纪念碑改建工作因故延宕,再后来"文革"来临,建碑的事情在高层基本搁置无人问及,改建方案亦散佚不存。到了1968年,木质的二七塔出现基础安全隐患,原改建方案也早已跟不上"文革"的政治形势和流行风格,郑州市建设局设计组又奉命提出了几个新的"文革体"改建方案,但争来议去,就是没人拍板。1969年叶运奎被下放到密县(今新密市)劳动,直到1972年,他才返回郑州。他与后期的二七塔建设过程失之交臂。应该说,这段二七新塔的"史前史"与后期新塔筹建形

✝✝

成了断裂,没有自然地承续下来。

1971 年春末夏初一个狂风大作大雨滂沱的日子,在日夜守望这座城市昼作夜息 20 年之后,二七广场上那座木塔根部朽断,基础变形,像一个劳累终生、心力衰竭的老人,突然体力不支,腿脚发软,颓然卧伏。木塔一倒,议论四起,如何因应,万众瞩目。二七木塔作为郑州市的标志性景观和标签化的纪念设施,经历了一个民间“误读”“别解”进而形成普遍认同的过程。建塔之初“无心插柳”,却被公众赋予了意料之外的意蕴和功能,其中有一定的偶然性。一夜之间,木塔的造型从市民百姓的视觉经验和生活背景中遽然失踪,人们诧然之后,继之茫然怅然,如同归返途中一时找不到回家的路标,隐隐然有一种不安全的感觉。他们习惯于有塔的街景,不安于无塔的城市——城市景观变迁的历史进程中,城市居民最常见的损失是他们所熟悉的生活场景的消逝与扭曲,他们由此而产生某种无法补偿的失落感,这是一种人居环境急剧变化导致的心理与社会现象,与建筑场景中的政治意蕴的消长并没有直接关系。二七木塔对当地居民的生活环境而言,既是空间要素,又是历史要素。“如果他们居住于其中的物质世界不能维系这种历史性因素,人们就不能维持他们精神上的根及与往昔的联系”(亚历山大,《建筑模式语言》,中国建筑

新建木塔的投影，根据投影的角度可知这是在夏日的二七路上

这张照片与上图拍摄角度大体相同，画面左上方多出了水塔和少量的建筑，可知拍摄的时间要晚一些

✝

工业出版社,1989 年)。

　　在郑州市现代史上一个重要的历史事件的现场建造一个正式意义上的纪念设施的良机,这时候凸显出来。把握时机,开发利用这一特殊的空间资源和可贵的精神资源,成为军人王辉的一个冲动。

　　王辉(1923.12.25—2010.8.27),曾用名王启达,出生于江苏省涟水县灰灯集,祖籍江苏省赣榆县土城,1938 年 7 月参加新四军,1939 年 8 月加入中国共产党。抗日战争、解放战争中,他身经百战,反复出入生死之间;新中国成立后,跨过鸭绿江,抗美援朝,1952 年 6 月任志愿军机械化工兵六团团长;跨过友谊关,抗美援越,1966 年 5 月任抗美援越二支队指挥部副主任兼参谋长。他穿过新四军军装、解放军不同时期的各式军装,根据抗美援朝和抗美援越异国作战的保密要求,他还身穿过朝鲜人民军、越南人民军的制式军服参加战斗,这经历在全军都是极为特殊无法复制的个案。从国内战场到国外战场,从战士到将军,他拥有一份内容丰富充满传奇色彩的职业军人的履历表。20 世纪 80 年代,他从中央军委国防工办副主任、副书记的岗位上离休,享受大军区副职待遇。"文革"时期,根据中央安排,以军人身份出掌地方政务。1967年他奉命从抗美援越前线战场撤回国内湖南衡阳休整,突然接到周恩来总理打给他的电话,命他率部前往河南省平顶山市确保煤矿生产安全。刚把煤矿生产和社会秩序稳控好,不待他稍稍喘气,又接中央指示赶到郑州,出掌省会大局。自此,先后担任河南省军区副司令员兼郑州警备区副司令员,郑州市革命委员会主任,中共郑州市委第一书记,郑州铁路局党委书记,中共河南省委书记(当年设置省委第一书记编制岗位,所以当时的省委书记职务相当于后来的省委副书记),河南省革委会副主任等职。

　　主政郑州的王辉下令重建二七塔。这一次,工程兵出身的他要大兴土木,建造一座雄强有力、气宇不凡、别具一格、坚固牢稳的新塔。据王辉老人追忆(2003年3月14日,访谈者婴父、于德水、赵富海),关于塔的模样,他当时心中有一个大体的轮廓:在二七广场抛头颅洒热血的烈士有两位,所以最好建成双塔;塔的层数以七层为宜,以纪念“二七”工运;塔的平面要呈五角星形,强调这是一处革命圣地。这些后来成为双塔平面立面基本特征的设计要求,都是军人王辉首先提出来的。其实,在王辉明确提出以上类似设计任务书要点的要求以前,木塔还安然无恙的时候,他就开始了关于二七广场的新的构思。他曾经提出过,要在

✣

二七广场之中建造一座 27 米高(数字隐喻)的岗亭,既有纪念功能,又有管理功能——交通警察登梯而上,可以站在亭中俯临道路,指挥交通。他把这种想法透露给郑州市部分建筑设计人员,征求意见, 听到的是反对的声音——把交通管制功能和历史纪念功能捆绑在一起,难免不伦不类。王辉认同此议,只好另拓思路——由此可见王辉关于二七塔的腹稿,也是反复考量、几经变易的。根据王辉的要求,包括张泽高、王龙飞、杨国权、胡诗仙在内的省会郑州部分建筑设计人员也前前后后提出过一些其他的方案。如有人提出要在二七广场建一座凯旋门,这次被王辉当场否决。王辉说,建什么凯旋门?!凯旋门是胜利之门。二七大罢工是失败了,不是胜利了! 因为那是一个悲壮的事件,才更需要用合适的建筑样式追怀纪念。

历史悠久环境优美的城市也必然是"有故事"的城市。这些故事,这些历史记忆——集体记忆,常常依靠与历史事件现场相对应的"有故事"的建筑和"有故事"的场所作为物质载体,去承载去转述去传播。能否确认一座城市的历史文化名城身份,往往要看这座城市是否具备足够的"有故事"的建筑和场所,看这座城市是否具有可读性。二七塔的营造经历了一个由自发到自觉的过程。整整二十年,这是一个"有故事"的建筑产品孕育、成熟、

①｜②
　｜③

① 80 高龄的王辉,依然精神矍铄
2003 年　摄影　于德水

② 1961 年王辉陪同叶剑英元帅
观看工程兵大比武表演　王辉
提供

③ 1958 年留学苏联的王辉在莫
斯科河边　王辉　提供

╬

分娩的过程。这座城市需要这座塔,这个广场需要这座塔,特定的场所特定的人文环境呼唤、催生并规范和框定了一座特定的建筑,这就是这座塔的生成机制。不论早晚,不论谁来郑州主政,终究会有人担当起营造新塔的责任。

营造新塔的历史机遇降临到军人王辉身上。这位在京汉铁路二七大罢工当年出生的、接受过战火洗礼(咽喉部曾被弹片击穿,腿部负过重伤导致胫骨骨折)的军人恰好又具有良好的建筑工程学方面的专业学养——1954 年他奉派到苏联名校莫斯科古比雪夫工程学院学习,完成了全部的本科学业,以优异成绩顺利毕业(古比雪夫工程学院以苏联革命家古比雪夫的名字命名,1993 年改组为莫斯科国立建筑大学,缩写为 MGSU,简称"莫建大",是一所国立研究型大学,至今在俄罗斯建筑工程科研和教育领域保持领军地位)。王辉慎思敏行,果断作出了兴建新塔的决定。在当时的历史条件下,行政决策权、经济管理权和资源支配权常常是高度集中并以简易程序运作的,王辉在二七塔的建设工程中毫不犹豫地行使了这些权力。我们可以这样说,如果没有王辉,郑州市的二七广场上照样会除旧布新,在木塔倒伏之后建起一座新的二七塔(或者是二七碑、二七亭、二七坛、二七楼),但是二七塔不会在那样一个动荡不安的年代迅速诞生,二七塔不会以"百日会战"的形式奇迹般地矗立起来,二七塔不会是今天这般容颜体格。因为有了这座塔,郑州现代史上的一段故事、一种非物质文化遗产被物质化、景观化了,一个历史事件的现场被一种建筑语言讲述和表达出来,城市三维空间中立刻增添和显现了深远的历史维度,平凡的城市环境中立刻幻化出史诗色彩。这对缺乏历史建筑和文化景观的郑州,是弥足珍贵的。

2003 年王辉夫妇在北京家中热情接待本书作者,回首当年 摄影 于德水

叁 权力、情感与智慧

　　王辉决定营造新塔,方案设计却几经周折。在"文化大革命"中,设计院所大多瘫痪、解体,实力相对雄厚的河南省建筑设计院干脆被迁移到了郑州市区西北方向的荥阳县（今荥阳市）,省会设计力量十分薄弱。编入郑州市市政公司机构序列的设计组几位青年技术人员张泽高、胡诗仙、杨国权、周培南等(他们来自不同的单位, 后来都成为郑州市规划界和建筑设计领域的领军人物)开动脑筋,朝思暮想,提出了多个方案。张绍文(1980 年代曾任郑州市书法家协会主席)、禹化兴(1990 年代曾任郑州市美术家协会主席)、张万一(2000 年后曾任郑州市政协副主席,民革郑州市主委)等美术工作者也绞尽脑汁,研究造型,制作模型。张绍文等人还延请木工师傅参加,制作了工艺精致的模型,方案虽然接近王辉提出的设计意图, 但还未能找到使大家都能接受的建筑表达方式。有一天,郑州市市政公司负责人(原城建局局长)董耀荣告诉王辉:北京有个著名建筑师,名叫林乐义,听说现在

✝✝

下放在河南,建议请他出手相助,参与创作。王辉与林乐义本来是认识的(林的弟弟在总参工作,和王辉熟悉,因为这个原因王辉与林乐义有过一面之缘),便立即派人寻找。确认林乐义由北京下放河南经由修武转迁荥阳,归属河南省建筑设计院建制后,请他迅即赶到郑州,并很快在郑州市市政公司办公楼 (现已拆除,位置在碧沙岗公园西门对面,嵩山路与友爱路交叉口)里给他腾出了一间房子, 请他过来主持二七塔的设计工作。准确地说,请他在图纸上,以建筑师的专业学养和技术专长落实王辉提出的建筑意图。至此,二七塔的设计柳暗花明,开始了一个新的局面。

林乐义(1916.2.17—1988.10.15),福建省南平县(今南平市)王台镇人。1937 年毕业于上海沪江大学,抗战期间在桂林等地从事建筑设计,抗战胜利后去美国佐治亚理工学院研究建筑学,并被聘为特别讲师。1950 年回国后担任北京工业建筑设计院、建设部建筑设计院总建筑师(其间应梁思成之邀,担任过清华大学建筑系客座教授)。主要设计作品包括中南海怀仁堂与紫光阁(改建)、北京首都剧场、北京电报电信大楼、中国驻波兰大使馆、青岛一号工程、北京国际饭店等。

大学时代的林乐义 林铭述 提供

留学美国佐治亚理工学院时的林乐义
林铭述 提供

✠

关于林乐义先生的音容形象,据建筑出版界著名编辑、学者杨永生印象(《建筑百家轶事》,中国建筑工业出版社,2000 年),他"个子不高,微胖,前额突出,中年脱发。说起话来,福建腔浓厚。很少言笑,严肃认真,评论建筑作品坚持高标准、严要求,从不随波逐流。喜着咖啡色及米色服装。常常陷于深思之中"。据长期担任建设部建筑设计院(现中国建筑设计研究院)院长、当过林乐义领导的袁镜身老人描述(1997 年 7 月 10 日,访谈者婴父、王鲁民、杨春),林乐义"很儒雅,很洋派,能明显看得出来他在国外生活过,喜欢穿西服和风衣,无论什么时候,都不急不躁,显得很有风度"。据现任中国工程院院士、中国建筑设计研究院名誉院长、总建筑师崔恺先生回忆(2005 年 6 月 10 日,访谈者婴父、林铭述、司秒争),他见到林先生较晚,他在天津大学读研究生的时候到北京建设部建筑图书馆查阅国外期刊、文献,经常遇到这位老人,那时候林乐义先生已经不良于行,走路很慢,步态是一步一步往前蹭的样子。走路都如此费劲还借阅书刊,还在关心学术动态,这给他留下深刻的印象。美国青年建筑师林樱女士是建筑学家林徽因的侄女,她父亲也是林乐义的挚友,林樱在华盛顿越战纪念碑方案竞赛获奖之后声誉鹊起(后被美国《生活》杂志选入"二十世纪最重要的一百位美国人"与"五十位美国未来的领袖",2010 年奥巴马总统为其颁授美国国家艺术勋章,这是美国给予艺术家的最高荣誉），林乐义出面邀她来华访问，还在设计院里为她组织了一个演讲会。崔愷当时在场，他看到林总在晚辈面前一扫平素满脸的严肃甚至呆板，变得谈笑风生，朝气蓬勃。中国建筑设计院恭请著名雕塑家程允贤先生为林乐义制作浮雕头像时，崔愷一直强调务必要把林总的眼神做出来——林乐义的眼睛总是往前瞪，晚年眼球略有外凸，目光特别亮，这可能和血压高有点关系，也与他严肃的个性有关。

像大多数中国建筑师那样，林乐义的知名度远没有达到他在建筑设计领域所取得成就的高度。时至今日，二七塔在郑州不能不说是人所共知，"天下无人不识君"，不过，要问林乐义何许人也，建筑界之外的郑州市民则知之者寥寥。大家都知道北京有条长安街，被公认为"中华第一街"，那是国徽图案所用建筑天安门的所在地；大街两旁，华厦林立，能和天安门城楼比肩连属相守相望的建筑，座座地位崇高，各自雄踞一方，都不会是等闲之辈。不用说，建筑师若能在长安街上立一件作品，已属难得，足使同业共仰。而很少有人知道，长安街临街，竟有两件林氏之作——其一为西长安街上的电报大楼，位于西单路口东边北侧，是新中国成立后第一栋我国自行设计和施工的中央通信枢纽工程，是当年中国电报通信的总枢纽，落成于 1958 年 9 月；其二为

✝✝

东长安街上的北京国际饭店,位于建国门内北京站路口,长安大戏院西邻,是改革开放之后北京建设的最大的旅游酒店之一,落成于1987年12月,1989年获国家建设部优秀建筑设计一等奖。在"中华第一街"上多次用建筑实物展现自己的设计才华,只有张镈、林乐义、刘力等少数几位中国建筑师享有如此殊荣。林乐义的电报大楼落成时就备受瞩目,随着时光流逝,其历史标识性的地位也凸显出来。有评论认为,电报大楼"功能性强,技术复杂,有高效率的工艺运转,建筑平面紧凑,流线简捷。体量和立面处理十分简洁,室内外均无纹样装饰。钟楼一扫古风,全新现代气象,造型线条挺拔,形象明快,是批判'复古主义'的同时努力开拓新风气的建筑"(邹德侬,《中国现代建筑史》,机械工业出版社,2003年)。"与当时强调大屋顶,追求铺张豪华的设计复古之风形成强烈对比,别开生面,带有逆突破性"(陈世民,《一位难以忘却的总建筑师——林乐义》,《建筑百家回忆录》,中国建筑工业出版社,2000年)。"在满足工艺要求前提下,建筑摈弃了其他建筑物还保留的附加物,立面也向更强调框架结构靠拢。建筑成功的基本处理手法有三:一是注意比例和位置经营;二是注意上下之间、中央与两侧之间的繁简、虚实对比;三是精心推敲了作为标志的中央钟楼。该钟楼简洁但有侧角,有细部,后来成为众多建筑效颦的对象"(潘谷西,《中国建筑史》,中国建筑工业

林乐义的代表作——位于北京西长安街的电报大楼　摄影　婴父

✝

出版社,2004 年)。据说,世界著名建筑大师库哈斯和德梅隆到北京访问时都曾表示,长安街众多的当代建筑中,最令人欣赏的就是这一座。2016 年,中国文物学会、中国建筑学会联合公布"首批中国 20 世纪建筑遗产"名录,上榜项目 98 个,电报大楼名列其中。时光流逝,随着现代通信方式的演进变化,电报大楼的功能也发生了转型改变,一楼大厅现已改作国务院新闻发布厅使用。

　　建筑大师在郑期间,低调而朴素,不认识他的人与他邂逅,会误以为他是一位年迈的小学教师或街道工厂的会计。林乐义单身一人,寄居在友爱路市政公司楼上的办公室中,恬静自安,工作之外别无他求。他常常在夜灯之下,亲自用铅笔在图画纸和硫酸纸上构图,构思二七塔的平、立、剖面,研究建筑形体的整体效果和细部处理,反反复复,精心勾画,表现了建筑大师的不凡功力。身边的年轻人看在眼里,敬在心里,由衷感佩。当时由粮食部郑州科研所借调到市政公司、曾在林乐义指导下工作过的林少清先生,回忆这段时光时(2005 年 2 月 3 日,访谈者婴父、司秒争),怀念之情,难以掩饰。他最初是从书本上知道林乐义的——"文革"前林乐义主持编撰的由中国建筑工业出版社出版的《建筑设计资料集》,发行量高达数十万套,是建筑设计行业必备的工具书("我国建筑师,无一例外,都把这套工具书作为每天都离不开的案头卷",杨永生语)——接触之后,觉得他待人谦和,爱护后进,和大家相处得非常融洽,用当时的话叫作"能与群众打成一片"。年轻人既不称其为"林总",也不称其为"老师",都直呼其为"老林"。按照今日标准无疑失之不逊,但以当年风气论,这实在是忘年之交无拘无束亲密无间的表现。林乐义夫人刘怡静女士从荥阳来郑州住过一段时间,林少清等加班过了钟点,曾经跟着林乐义回到住处,品尝林夫人亲自下厨做的饭菜。作为年轻的建筑设计人员,和林乐义在一起工作的过程,是一个受教育、受培训的过程,在追随林乐义那段时间,林少清得其亲炙,学到了不少古建筑样式和结构方面的知识,自觉收获满满,受益终生。

尽管前前后后有不少人都参与了二七塔的设计,但大家基本上做的都是一些建筑图纸的清绘以及结构设计方面的事情,还谈不上是在与林乐义合作。林乐义不但设计了二七塔,同时,他等于伴随着二七塔的设计与营造过程,在言传身教之间,为身边的年轻人举办了一个小型的建筑学训练班。到后来,在二七塔建成之后,王辉又决定疏浚改造穿越郑州市区的金水河,提升金水河的景观质量,跨河建造两处古典园林风格的小品建筑(二七

✝

路以西二百米处修建"水上餐厅",人民路以东不足百米之处修建"金水元宵餐厅"),此时,本土中青年建筑师林少清、杨国权等人在设计方面的参与度和贡献率,都有不小的提高——林乐义仍然挂帅,兼任指导。

　　无可否认,在二七塔建筑方案设计过程中王辉起着决定性的导向作用。但要把一种意念落实到图纸上,转化成一种建筑空间结构,演化为一种符合科学原理和技术规范的建筑语言,设计出这样一件具体的建筑作品,林乐义的作用当然是不可或缺的。后来设计过嵩山少林演武厅和紫荆山百货大楼的郑州市建筑设计院胡诗仙先生,在这个时期曾经和林少清等青年技术人员一起为林乐义当过助手,据他回忆(2004年3月13日,访谈者婴父、张胜利、刘荣增等),在双塔首端设置两座钟亭,在钟亭的上方再用巨大的旗杆收拢,实行二元归一,形成一个耸入云天的针点,这是林乐义的意见;在双塔的底部设置一个三层的阅台(天安门广场的人民英雄纪念碑的台基为三层,天坛的台基也是三层,这是纪念、祭祀建筑的最高等级)也是林乐义的想法;在广场外缘设置两处地下通道,以便解决出入二七塔的人流与塔周路面机动车流的冲突问题,这还是林乐义的创意。这些,都是二七塔主要的形体特征和功能支撑。我们无从更多地了解林乐义当时奉命创作、依计行事的心理活动，但我们还是可以从双塔上部的钟亭上看到与北京西长安街电报大楼上部大钟的关联，可以从二七双塔重重叠叠层层递升的结构之中，感受到他内心的宁静与执着。他在郑州设计的这座双塔是中国"文革"时期最重要的建筑创作案例之一，也是他本人在那个时期唯一的付出心血也付诸实施的作品。建筑主体之外，林乐义对建筑环境也给予了足够的重视。他不满意二七广场作为"广场"有其名无其实的环境现状，结合二七塔的设计，对广场的改造也提出了框架式的构想，希望把二七广场建设成一座矩形的市民广场，将车辆交通疏导到别处，在塔南开辟空间，面积达到 1~2 公顷，周围设置一些历史题材的雕塑，丰富广场的游憩内容，强化广场的纪念性特征，提高广场的文化含量，让二七塔室内外空间融合为一体，老百姓可以在这儿坐一坐，走一走，看一看——根据林乐义的意图和他勾勒的示意草图，林少清绘制了新的二七广场总图。只可惜，林乐义的关于改造二七广场的建议被冷藏了三十多年，直到2003 年，郑州市有关部门才如梦方醒，开始做这篇文章。

双塔在建造过程中，曾作过设计变更：塔身由七层变作九层——这当然还是王辉的决断。双塔施工过程中除去王辉不在郑州，有紧急公务或到外地出差开会以外，每天晚间固定的时

✝✝

刻,王辉都会准时现身工地,督导工程。当塔身建至七层时,他突
然下令增加两层,引起施工现场技术人员的一片忙乱。据王辉回
忆(2004年3月31日,访谈者婴父、于德水、赵富海等),临时决
定二七塔增加身高,主要是为了要让二七双塔争得河南最高建
筑的桂冠。工业企业的烟囱、水塔等构筑物不计在内,当时河南
全省最高建筑是开封铁塔。"铁塔"为佑国寺塔的俗称,该塔建于
北宋皇佑元年(1049年),平面呈八角形,十三层,高54.66米。自
从建成起,历经900余岁,始终稳坐河南建筑之最的宝座而从未
面临挑战。王辉的性格是敢于争先、勇拔头筹、当仁不让的:既
然修建新塔,何不高出宋人一头!两层增加上去,二七塔的地表
以上的高度高出开封铁塔一米,地表以上层数达到了十三
层——三层之台,九层之塔,塔顶鼎立一层钟亭(许多资料显示
二七塔层数为十四层,是因把钟亭算作两层的缘故——这也未
尝不可。只是这样的话,与塔的传统奇数规制无法一致。其实按
习惯不把阅台计入层数,亦不计钟亭,称二七塔为九层塔似最为
妥当)。塔身增高两层的另外一个目的,是要让双塔显得更加挺
拔、俊朗。今天看来,这个变更是完全正确的、必要的,塔体高宽
的比例,因之而更加完善。天光云影之中,塔的身姿愈发雄伟而
又不失灵气,有玉树临风之象。七层双塔具有特殊意义的"二七"
之数虽然无法实现,但"九重天""九霄云外""九九归一"之"九"

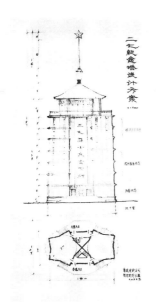
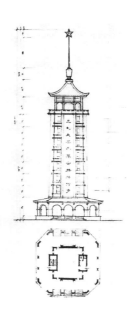

1971 年版两例二七塔设计方案图,新塔的雏形已初露端倪,出
图时间为 1971 年 5 月,距开工时间只有两个月

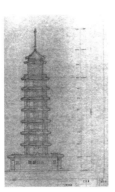
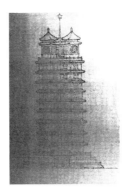
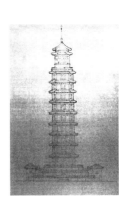

二七塔的施工蓝图。这时候塔的主体部
分还只有七层，出图时间为 1971 年 8
月，其时工程已经开工，日夜兼程，如火
如荼

二七塔的施工蓝图。这是一幅调整后的图
纸,塔的主体层数又增加了两层,台基也
发生了较大变化

✝✝

字,也许与传统文化中的"数"的理念更加吻合,与纪念英烈的主
题更加贴切。

中国科学院院士、同济大学郑时龄教授的著作《建筑批评
学》(中国建筑工业出版社,2001 年)中曾专门讨论过建筑的"业
主"角色:"业主是批评的重要主体,甚至在建筑的最初阶段,在
建筑的酝酿阶段,业主就会为未来的建筑确定方向,定调子,对
建筑方案的实现与否及其成败掌握着生杀大权。业主在当代中
国的特殊条件下,有着十分巨大的话语权力。"显然,对于二七塔
而言,王辉就是业主。他既是决策者,又是操作者,还是投资方;
他是这个公共产品的创意者,又自动地加入到这个公共产品的
设计者、生产者行列。郑时龄接下来写道:"他们对建筑的批评有
时的确有真知灼见,也有随心所欲的颐指气使,或者两者兼而有
之。在当代中国的特殊条件下,业主与建筑师的关系是一种老板
与雇员的雇佣关系,业主认为自己的意见总是正确的,这当然是
可以理解的。但是业主往往忘记了在自身领域的成功,并不等于
他可以在一切领域都能够获得成功。有时候业主对建筑设计的
干预会达到过分深入的细枝末节,以至于从空间布局、立面处
理、材料选择到室内设计,都会要求建筑师实现业主的合理或不
合理的意愿。有时也会要求建筑师在建筑设计上表达抽象的概

念,在建筑上增添非建筑的语言。在这种情况下,建筑师往往被动地作为一名绘图员在进行设计,其作用不能充分发挥……"郑时龄对"业主"的评论应当说是有针对性的(虽然可能他对王辉这位"业主"一无所知),因为在同一章节,他举出的业主过分干预的建筑实例就包括了二七塔。他举例说:"20世纪50年代建于郑州市中心的'二七纪念塔'用两座连体塔楼图解'二',用七层塔体来表示'七'。"——只不过,郑时龄没有弄清楚二七塔的建造年代,把二七塔建成后的层数也搞错了。可以肯定,直到这部专著出版之时,他也不曾来郑州实地察看过这座建筑,他相关的数据来源显然也不够可靠。

应该说,林乐义比较扎实地贯彻了"业主"的意图,为"业主"的想法提供了技术支持。有人回忆说,林乐义因为是奉命设计,受到太多的长官意志(按照郑时龄的说法是业主的话语权力)的主导和限制,丧失了创作自由,所以对双塔设计很不满意,在公众面前不愿承认是他的作品,不愿承担相应的责任和舆论压力。这些话,与事实不符。实际情况是,林乐义在二七塔建筑设计过程中心情是相当舒畅的,姿态是比较主动的。

"文革"时期林乐义由北京建设部建筑设计院下放到河南

"五七"干校劳动,十分郁闷,处在他一生中的低潮期。林乐义夫人刘怡静女士后来有诗一首,描写那个时期他们的家庭境况:

十年噩梦

"文革"中下放河南,乐义在修武干校劳动,余分在新乡一农户存棺土屋居住,彼此相距数十里。

十年浩劫震中原,
多少英才被屈冤。
家庭破碎残生在,
心惊胆战口难言。
窗空门缺且栖身,
夜伴棺材日为邻。
横加惨境何处诉,
人间地狱话悲辛。

这首诗收在林夫人刊印的、赵朴初老人题签的《怡静诗词》中。林夫人出身名门,幼承家学,喜好词章,常以吟咏自遣。她与林乐义同甘共苦、同悲共喜,这首诗道出了那时候她和林乐义共

林乐义与夫人刘怡静、长子林铭述　林铭述　提供

✝✝

同的心声。

　　林乐义随同事下放河南修武(现属焦作市)劳动,1970 年再分配加入河南省建筑设计院 (今全国建筑设计大师陈世民当年年轻,只有三十多岁,曾与林乐义结伴同行)。据曾经担任河南省建筑设计研究院副院长兼总工程师的樊鸿卿先生回忆 (2007 年5 月5 日,访谈者婴父、梁远森、司秒争),当时同样境遇的 150 人组成的一个建设部部属团队同时进入省院。这些人的加盟,大大提高了省院的设计能力,并为 1970 年代中期省院回迁郑州重整旗鼓开创新局,在行政、技术、生产、财务、人事管理各个方面都提供了有力的支撑。"文革"后期和"文革"结束以后,他们中的许多人陆续返回北京,也有一些人习惯和融入了中原的生活,留在了郑州——这是后话。当时,省院是以热情和宽容积极接纳这一批被北京放逐的落难者的。林乐义等人被安顿在荥阳县城西关原河南省二轻工业干校西邻的一座老君庙里住下 , 这里便是省院的落草大营。林乐义的形象发生了较大的变化,早已没有海外归来初期的那种儒雅之风,衣着也不再讲究,依旧不苟言笑,但灰头土脸,粗衣旧服,举止间有一种看得见的窘迫。林乐义接受二七塔设计工作之后,有一次在郑州市区乘坐公共汽车,有乘客钱包失窃, 停车排查时他竟被周围疑为小偷——可以由此想见当时林乐义的潦倒之相。林先生讷于言辞，说话方音又重，面对质疑吞吞吐吐对答不畅，便被请入派出所讯问。到了晚上，夫人久等不归，万分焦急之中直接向王辉求助，王辉责令公安部门多方查找亲自干预，方得解救。事后王辉为此向林乐义多次道歉——代表他难以代表的蒙昧者道歉，林乐义反倒不以为意，一笑了之。省院的不少同事都知道这件事情，至今旧事重提，仍不免让人倍感酸楚，心中隐隐作痛。

　　在被轻辱、被放逐的境遇之中，突然被王辉以礼相待，邀请出山，主持设计工作，林乐义的心情可想而知。接受二七塔设计任务是出乎意料的事，他开始紧张开始兴奋起来——又能承担设计任务了，而且是如此重要的革命史迹纪念建筑，这是技术上的认同，更是政治上的信任。士为知己者死，为报答知己者的激赏与倚重，中国传统知识分子甘愿牺牲一切，生死相许。这种精神，古今相同。据林乐义之子林铭述先生回忆(2004年12月14日，访谈者婴父、王明贤、司秒争等)，林乐义对王辉既感激又尊敬，从不对人评头论足，不轻易臧否人物的他曾对妻儿家人讲，他有幸遇到了一位有文化的军人！可以想见，林乐义与王辉关于二七塔的设计问题会有许多次的讨论甚至争论，当然这不会是纯粹的建筑学研究，不会是建筑师之间学术理念专业语汇的交流，意见相左、各执

✝

一词的情况在所难免,但笔者相信,那一定是两个文化人之间的充满感情的沟通与碰撞,其结局,最终是取得共识,达成一致。

　　林乐义对二七塔相关的建筑实践活动和建筑设计成果本身,都是重视的、珍爱的。直到现在,林家还保存着林乐义收集的带有二七塔图案的徽章、印刷品。另据周培南先生回忆(2004年2月29日,访谈者婴父、张胜利等),1970年代末,郑州市的商店里曾经销售过印有二七塔风光的铁壳热水瓶, 林乐义有一次旧地重游回到郑州,专门托周培南寻购,结果当时这种热水瓶市面售罄,周培南东奔西走,遍访大街小巷,才在手工业大楼(现已不存,位置在今解放路与二七路交会处"北京华联商场"停车场)临街橱窗中发现四只自己到处寻觅的热水瓶, 急忙进入商场向营业员求购。因为图案具有鲜明的地方特色和宣传功能,热水瓶被置于展览品而非卖品的位置,营业员无权销售,十分为难。周培南无奈找到商场领导寻求支持,煞费口舌,反复解释,才如愿以偿将其悉数买下,送交林乐义先生。从这个事例中,可见林乐义对二七塔的设计是喜爱的,是自我认同的。他舍近求远在郑州购买保温热水瓶自然不仅仅是为了购买热水瓶的使用价值。据周培南回忆,林乐义告诉他,热水瓶是要当作礼物送给朋友的,为何送礼,礼送何人,语焉不详。不过,据我们20世纪70年代社会风习的情况推测，把热水瓶送给喜结连理的新人可能性最大——果真如此的话，那他的礼物真是太棒了，他将热水瓶"一腔热忱"的器用功能连同二七塔"并肩挺立"的建筑造型一并送给新婚夫妇，既经济实惠，又寓意吉祥。双塔的图案装饰了新人的居室，也装饰了建筑师的心境。是的，我们没有见到过林乐义关于二七塔的任何回忆与阐述的文字，以表明自己与这座建筑的血缘关系(所以，我国为数不多的几本中国现当代建筑史研究著作在提及二七塔时都是三言两语，失之粗略，而且有些文章还将建筑师张冠李戴，误记到别人名下)。如果说林乐义对他这件作品有所忌讳，处处低调不多谈及的话，那一定是因为"文革"一词——在有些人看来，二七塔属于"文革"时期的建筑，是特殊时期"政治建筑"的代表作，是为当时的意识形态服务的——刚刚脱离"文革"语境，心中余悸未消，恐遭遇语言施暴，哪有不忌讳不回避的道理。

林乐义头像雕塑 程允贤

肆　站在传统肩上创新

二七双塔诞生于 1971 年，处在"文革"中期。"文革"时期的许多国内建筑作品与其他艺术样式一样，往往直接表现政治概念，因而常常为人诟病，被称作"政治建筑"——在建筑功能方面，是一个"马列主义、毛泽东思想"的容器，展示、张扬革命理念，叙述、描绘革命史迹；在建筑设计方面，用"镰刀斧头""火炬""红旗""五星"等具体的形象符号和特定的与历史时刻、历史事件相对应的数字节律表现政治内容。这一类建筑中常常被人提及的经典案例包括成都市的"四川毛泽东思想胜利万岁展览馆"、广州市的"广东展览馆"、南昌市的"江西省展览馆"、长沙市的"清水塘展览馆"等。

二七塔很容易被归类于"政治建筑"。龚德顺、邹德侬、窦以德所著《中国现代建筑史纲》(天津科技出版社，1989 年)在"表现政治性口号的建筑"一节论及二七塔："河南建二七纪念塔甲方

✝✝

要求建两个七层的塔,以表现'二七'。但后来因七层比例不佳而改为九层,解释为 2+7=9。环境设计中的树木选择等都要有说法,已近乎封建迷信。"如此评论,事出有因,却不够准确,有道听途说和揣测的成分。我们不必刻意回避二七塔出生的时代背景,不必严格将它与"政治建筑"划清界限。但你得承认,它在那个时期那种类别的建筑中实在是一个异类。你只要不存在先入的成见,仔细地观察这座塔的形体与细节,你不难发现,它既不夸张,也不狂躁,色彩和谐,尺度得当。塔首脱颖而出兼有托举红星和张悬旗帜两项功能的竖杆,让人想起俄罗斯建筑的顶端,想起由苏联建筑师设计的 1954 年建成的北京展览馆的首部;双亭亭帽遮覆下的大钟,又显然属于欧洲建筑的元素。塔身层层接续,水平重复,塔的每层均有飞檐挑角,绿色琉璃瓦构成的檐口整体上形成节奏感。白色水刷石的墙体干净质朴,素雅高洁。双塔连体,结构相扶相助,功能相互依存,每一个标准层的平面都由楼梯间和展览室组合而成,竖向交通与平面的展示空间衔接自然,高下相倾,动静相连,不断递升,周而复始。这种连体双塔结构,集亭、台、楼、馆各种建筑形制和功能于一体,使二七塔具有不俗的艺术品质,也是它有别于其他国内"文革"建筑,在十年浩劫之后,不被整容,不致荒废,而一直获得人们关注的缘由所在。

河南人民出版社 1971 年底出版发行的 1972 年年历画

✝

    "文革"的吊诡在于破坏,"造反""打倒""砸烂",这些震耳欲聋的"文革"关键词让我们经历过那个时代的人记忆犹新,难以忘怀。"文革"的整合政治资源、重建权力结构的政治功能我们且不去讨论,而它的文化使命就像它所标榜的那样,革"封、资、修"的命——具有民族特色符合历史传统的便是封建主义糟粕;类似西洋样式近于欧美风格的便是资产阶级流毒;接受苏俄影响讲究生活情调的便是修正主义货色,对这些东西人们避之唯恐不及。今天分析起来,让人拍案称奇扼腕赞叹的是,二七双塔的两位关键当事人王辉、林乐义,他们个人的文化背景中和双塔的建筑语言中,竟然"封、资、修"三要素样样俱全,无一缺席——王辉毕业于苏联的一流大学,林乐义则留学美国顶尖名校,两人分别原汁原味地吸吮过"修"与"资"的奶水。而"海归"的身份往往遮蔽了林乐义"封"的修养,其实,他也是一位中国传统文化和古典建筑的专家,深谙"古为今用,洋为中用"之道。在中南海怀仁堂改建工程中,"他将旧的宫廷厅堂改建为国家开大会用的礼堂,既要保留其原有宫殿式庄严宏伟的格局,又要辅以新的布局和功能要求"(金瓯卜,《建筑师》,1993 年第 55 期)。"他将一个旧式的建筑,改为成千干部开会的大礼堂,既保留了原有的风格和基础,又赋予了新时代的内容,因而受到周总理和其他领导同志的赞扬"(阎子祥,《建筑师》,1993 年第 55 期)。如果说这是一个

古中求新的成功案例的话,那么,首都剧场则是一个借古饰新的
佳作。设计过天安门城楼观礼台和钓鱼台国宾馆的建筑大师张
开济先生评论说:"林总在北京第一个具体工程就是大家都很熟
悉的首都剧场,这是北京解放以后所建造的第一个现代化剧场。
它的体形尤为完美,其立面构图似乎取义于比较典型的西洋古
典建筑,可是所有细部都采用了中国古代建筑的构件形式和图
案。这样就把原来以西洋古典建筑为古本的建筑很通顺地翻译
成为中国版本了。这说明了林总对于西洋古典建筑和中国传统
建筑都很有造诣,因而能巧妙地把两者结合在一起,从而创作出
一个带有中国民族形式的新建筑"(《建筑师》,1993 年第 55 期)。
邹德侬教授所著《中国现代建筑史》的描述则更加细腻,说首都
剧场"在建筑形式和室内外装饰上,摈弃了不久之前生搬硬套古
代传统形式的做法,而是利用有代表性的传统符号,如垂花门、
影壁、雀替、额枋、藻井以及沥粉彩画等典范,进行再创造。虽然
在构造上受到一些批评,但排除了大屋顶束缚,使剧院具有时代
感又不失传统精神"(天津科技出版社,2001 年)。由此可见,作为
一个课题,早在新中国成立初期,林乐义就开始了建筑设计中接
通中外熔铸古今的研究和试验。应该说,这种努力贯穿了他的建
筑师生涯。

✝

林乐义关于传统建筑形式的意见也有不被采纳的案例。据高介华先生回忆（《忆林乐义对重建黄鹤楼的奇妙创意》,《建筑百家回忆录》,中国建筑工业出版社,2000年),林乐义先生1978年曾经指导武汉黄鹤楼重建设计方案,提出过取法清楼,加以改良,并吸取楚地干栏建筑文化特色的具体意见,对该楼的设计提出了许多精辟的见解。设想惜未成真,却表现了大师级建筑师深厚的古典学养和探索、创造精神。林乐义这些见解留存在回忆者的白纸黑字之间,可为后人作黄鹤楼建筑批评的参照系——有一种建筑叫作"纸上建筑",因为各种原因它们在比选中被迫出局没有付诸实施,永远停留在创意或方案阶段,但它们以文图的形式在出版物、在回忆录中继续存世,或者可以证明已被采纳的方案已经化身建筑实体的设计实至名归乃最佳选择,也许随着社会进步理念更新人们在比较之中会发现他们原来错失了最优秀的选项——有时候没有被采纳的意见可能更具真知灼见,有时候"纸上建筑"可能比体量巨大、耗资巨大的建筑更加优美和恒久。

以王辉、林乐义这样两位人物为核心建造的二七双塔,毅然决然摒弃了难以回避的"文革体"建筑语言,附体塔身的,既有中国古典建筑的意味,又有欧美建筑的元素,还有苏俄建筑的符

中南海怀仁堂

✝✝

号,可谓集"封、资、修"于一体,在当时的政治环境中竟然没有遭遇诘难,竟然没有被人罗织罪名,可以称得上一件奇事。也许,二七双塔建造神速,陡然立起,如同天降,许多当时容易起疑和习惯发难的"革命者"们还没有来得及反应,就不得不接受这个突如其来的物质存在。也许二七双塔本身的前卫性让他们目眩神迷了:它是一座连体双塔,一分为二,合二为一,中国建筑史上前所未有;它选择了塔的概念,却将塔从宗教意境和山林环境中移植街衢展陈于闹市之中,整体上又不按成熟的古塔形制去做,放胆创新,自成一体;它熔古今中外于一炉,在中国的建筑设计中较早实施了多元文化符号的拼贴,而超前地具备了"后现代文化"的特征……也许这是造成舆论不一众说纷纭,也造成许多人处于失语状态难以置喙的原因所在吧。不管怎么说,二七双塔作为中国"文革"时期重要的建筑物和公共艺术品,值得学术界认真研究、深度解读和延伸阐释。

伍　百日会战的都市传奇

二七双塔的神奇,还在于它的施工周期。1971 年 7 月 1 日开工建设,同年 9 月 28 日完工,精确计算,实际用了 89 天,不足百日。明确主攻方向,集中优势兵力,全力以赴,速战速决,王辉用组织战役的方法又打了一次漂亮的攻坚战、闪电战、歼灭战。工期之短,让郑州市民惊掉了下巴,也超过了王辉的预期。数十年后(2009 年),二七塔工程被国家建设部和中国建筑业协会授予"新中国成立 60 周年 100 项经典暨精品工程奖"——这是一个建筑施工企业受领的国家级大奖,用不足百天的时间赶出来的建筑,日后竟然摘得中国建筑工程界空前的至尊桂冠,这是当时的王辉和建设者们无论如何也难以预料的。

1971 年 7 月 1 日,中国共产党建党 50 周年纪念日这天早上,细雨飘飘,郑州市第一建筑工程公司(简称市建一公司)200多名员工奉命在二七广场完成集结, 举行二七塔新建工程开工

✠

仪式，身穿便装的郑州市革委会主任王辉赶到现场亲自下达开
工命令。

　　二七塔的施工过程的确像是一次战役，施行了军事化精细
化的管理。施工队伍以市建一公司为主(不少单位选派优秀技工
支援会战，但均未形成班组建制)，公司成立了以革委会主任赵
云三为指挥长的工程指挥部，实际负责现场指挥的是一位学过
建筑专业、组织过中原路市政府大楼等重点工程，1965 年赴云
南修建 0518 国防公路，也曾参加过支持抗美援越工程的市建一
公司副经理崔巍(另一位现场指挥为杨培祯，1981 年病逝)。施工
主力队伍为市建一公司第一工程处，其他工程处协同配合，负责
人为经验丰富的工程处主任康思恭。施工队伍进入现场，二七广
场被围合封闭起来，所有车辆改道行驶，尽可能扩大施工场地，
减少干扰因素，但施工现场的平面设计仍然十分困难。场地太
小，被作业面占满，建筑材料和临时设施不得不星散于周边不同
区位。开工后，工程进展并不顺利。市建一公司相关史料显示，
基坑开挖过程中就遇到了难题——二七塔的基础位置不偏不倚
正好是老长春桥的桥基，桥基结构为泥浆石灰混合而成(三七灰
土)，致密而稳固，久经河水浸养之后又长期埋藏地下，廿年承
压，历久弥坚，硬度赛过石材。施工人员开挖基坑第一天就挖到

了桥基,洋镐啃不动,铁锤砸不碎,推土机冒着黑烟强行进攻也难以摇撼。市建一公司指挥部紧急请示王辉,经过商议,只好决定用炸药爆破施工。为了保证安全,避免对附近道路行人形成可能的伤害,爆破选择在凌晨两点实施。轰隆一声,戒严的工地上传来爆破的巨响,四周居民有人在熟睡中惊醒,暗中嘀咕,猜不出发生了什么事情。离二七塔工地不远的德化街电影院屋顶局部损坏,据说是爆炸的冲击波造成的,市建一公司曾专门派人前往致歉,协助维修。

二七塔工程初期,各种工艺工序都在磨合阶段,耗时较多。据工程指挥部副指挥长、现场管理核心人物崔巍回忆(2004年3月25日,访谈者婴父、程忠民),挖基坑清土方整整用去了一个星期,基础工程干到正负零位置用了25天,建塔身第一层用了12天,第二层用了8天7夜。王辉和现场工程指挥人员都急眼了,照这样的进度下去,二七塔国庆节建成开放的目标眼看将成为一句空话。经过集思广益,施工现场开始倒排工期,交叉作业,各种工作量以小时为单位进行计量、运转,调整以后,塔身第三层施工时间就开始减为56小时。以后各层,大体上保持了这样一个速度。

✝

二七塔从挖第一锹土到场光地净,开门迎宾,能够在不足百天里建成,主要依靠以下四个方面的措施:

一是实行严密的施工组织设计。进入正常施工阶段后,现场施工力量保持 600~700 人的规模,按工种分成专业班组,全天三班运行,昼夜流转更替,每一班干满 8 个小时,工人们自带盒饭,吃喝拉撒不离工地,人人全力以赴,如同上满的发条。现场作业人数始终保持在 200 人左右,在施工高潮阶段,工程进度以 10 分钟为一个时间单位进行精准安排,各班组做到"四定":定岗位,定任务,定质量标准,定完成时间。各道工序衔接紧密,如同相互咬合的齿轮。这种周密而详尽的施工组织方式在郑州的城市营建史上达到了空前绝后的水平。施工现场龙腾虎跃,热闹非凡,但井然有序,戒备森严。整个工地划分为核心、中间、外围三个圈层,社会上的义务劳动者、支援者、协作者全在外围,负责按计划将物料运至中间区域,中间的工人完成加工制作再按需求运进核心施工区域,核心区域严格管控,施工进度、施工质量和施工安全都得到了有效保证。

二是实施了高效能的指挥。王辉本人如果身在郑州,必然天天到场,现场调度,解决问题。王辉抽烟且烟瘾很大,一天要抽掉四包"散花"（郑州卷烟厂生产的一种知名香烟品牌），口袋中烟盒空了，他也向崔巍伸手，抽老崔的"黄金叶"（郑州卷烟厂生产的一种大众型香烟品牌，当年河南省的烟民们几乎没有例外地会和这种香烟发生唇吻之情）。王辉和施工指挥人员与设计人员甚至于一线工人天天接触，虽然有时候会因为自己的意图没有得到及时落实而对领导干部大发脾气，但大多数情况下是与大家打成一片保持良好关系的，他因此得以及时获得第一手材料，掌控最新鲜的最准确的信息。遇到问题，他表态干脆利落，表述准确简练，从来没有犹疑不决，也没有一般的号召和空洞的指令。崔巍、康思恭等现场指挥人员在二七塔的施工过程中没有回过家，很少与家庭成员见面，以工地为圆心，活动半径很少超过 500 米，随时处置需要在他们这个层面解决的问题。市建一公司的指挥部设在距工地不足 200 米的手工业大楼三楼，领导们困极了就在那里和衣而卧，每晚休息时间一般都在 5 个小时以内，有些天只勉强睡够 3 个小时。

三是实现了社会化大协作。供电部门在没有拿到供电设计方案的情况下预先研判，提前开挖路面铺设高低压电缆线路，将施工临时用电和完工后二七塔永久用电综合考虑一次完成。一台 10 千伏 500 千伏安变压器在开工前夜安装到位，一次送电成

✢

功,确保工程用电安全无忧。所有的高低压供电设备都是供电部门无偿提供、免费安装的;交通部门调集了 30 台汽车备勤,建筑材料和施工装备什么时候需要,就立即驱动,迅速拉到现场;水泥钢筋是其他工地调运而来的, 绿色的琉璃瓦是中原窑场应急研制的,他们过去只会烧制红砖机瓦,从来没有过生产古建材料的经验,为了支持二七塔工程,他们完成了自己都不敢相信的自我跨越;塔顶报时的六面直径 2.7 米的大钟是郑州市邮电局设计、郑州纺织机械厂和郑州手表厂制造的,这个产品亦属孤例,这就意味着必须在无例可循无法可师的情况下, 用非现代工业的手工技艺精心制作一种结构复杂的工业品;就连塔尖的红星玻璃,也是郑州玻璃厂突击研制的,因为这种玻璃既要耐高温,坚牢,还要具有耐受内外温差的品质;塔中使用的电梯,是郑州工程机械厂研制的,他们派人专程到上海学习求教,才掌握了电梯运行中分层停启精准控制的技术。这是当年郑州自行生产的第一部电梯。二七塔这边突击会战,外围还有一批配套项目进行配合。各种城市管线和通道路面的修建以及人行道铺装工程在主体完工之时,均已全部操作到位。

四是使用了有利于加快进度的结构方式和技术措施。施工中使用的水泥是早强水泥,能够在较短时间达到设计强度,使用的油漆是快干油漆,即使是无关大局的时间也要分秒必争。对确保工期起到关键作用的是在主体结构设计和施工中采用了预制构件,外围制作,现场安装,赢得了时间。据负责二七塔塔身结构设计的杨国权先生介绍(2004年4月15日,访谈者婴父、程忠民),墙体使用预制混凝土砌块,在当时,这是一种新颖的结构方式,在郑州公共建筑中是没有先例的。砌块使用的数量,常规砌块和异型构件(塔身转角处为现浇钢筋混凝土,保证了塔身结构的整体性)的设计都是经过精心考量的。预制砌块从第三层开始每层厚度递减3厘米,这样既可以减轻一些墙体重量,塔身的造型也出现了一点收分的渐变,不过因为尺度微小,不特别留意,这个细节是很容易被参观者忽略掉的。施工过程尽可能采用了机械化手段。市建一公司将现场以人工为主以机械为辅的施工方法称为"土法施工半机械化",全省仅有的三部轮式施工吊车都被调集在了二七塔工地,弥补卷扬机马力有限荷载不足的缺陷,随时向高处运送钢筋水泥。二七塔室内装修阶段,省内仅有的三台地坪打磨机也都调配到了施工现场,机械打磨辅助人工打磨,二七塔室内地坪制作又快又好,平整如镜。

二七塔施工现场还相当重视宣传鼓动工作,全力营造大干快上的气氛。指挥部设立了广播站,市建一公司挑选形象端庄、

✝✝

普通话比较标准的张玉香、陈凤仙、于云玉三位姑娘担任广播员，与施工作业同步，三班轮替，昼夜不停，用她们清脆甜美的嗓音为指挥部实施协调调度服务，也为现场施工人员提高士气鼓劲加油。据张玉香回忆（2021年4月1日，访谈者婴父、丁利荣），广播站设在工程指挥部隔出来的斗室之中，面积不足五平方米，除了摆放一张桌子用以安置麦克风、扩音器、留声机以外，只剩下一条狭窄的过道。这个一桌一椅的简朴斗室，有时也会成为牵动全局的中枢。广播员的任务一是重点播送指挥部的决定、通知、要求、提示，传达指挥部关于工程建设的指示；二是反复播送毛主席语录和各种指涉工程的口号："我赞成这样的口号，叫作一不怕苦二不怕死""下定决心，不怕牺牲，排除万难，去争取胜利""抓革命，促生产，促工作，促战备""百年大计，质量第一"等等，振作精神，鼓舞斗志，这是那个年代思想政治工作的基本范式；三是随机播送当时流行的革命歌曲和样板戏选段，给工地制造欢乐节奏；四是不断播送各班组编写的建筑工地好人好事和新闻快报，因为这些新鲜出炉随送随播的稿件描写了工人们自己的形象和故事，提升了大家的成就感荣誉感，所以很受欢迎。建筑工人中几位文笔不错的小伙子如同竞赛一般争先恐后撰写长长短短的稿件，一趟又一趟向广播站送稿，这样既可以塑造自己班组的集体形象，又可以表现个人的写作才能，还可以借机增加与几个漂亮的播音员姑娘接触的机会。社会上不断有企事业单位和中小学生主动到工地参加义务劳动，这时候播音员就需要临时发挥与之互动，用感情饱满的语言在高音喇叭上感谢他们的大力支持，赞扬他们的无私奉献，义务劳动者的热情愈发高涨，现场的热烈气氛由此推向高潮。

二七塔建到七八层时，曾出过一次重大安全事故。一位名叫李殿秀的五十来岁的木工不慎失足坠落，在送往医院救治的过程中不治而亡。工地停工一天半。康思恭作为施工现场负责人惶惶不安，精神压力很大——康乃巩县(今巩义市)清代著名富绅康百万嫡系后裔，有大地主的家族背景(康家宅院"康百万庄园"或称"河洛康家"规模宏大，在全国的庄园建筑中独具一格，现已成为郑州著名的旅游景区)，"文革"中常常因此被人抓辫子、戴帽子、打棍子，在他管理的如此重要的建筑工程中竟然出现人员伤亡，他心中的恐惧无助是可想而知的。他主动向王辉请罪，请求处分，王辉未加考虑便当即否掉了。王辉用温和的眼光看着他，告诉他工地的安全管理已经相当严密，这是偶发事故，责任不在他的身上，不要过度自责，要求他集中精力，心无旁骛，全力以赴，抓好施工。王辉心细，事后亲自了解过问罹难者的家庭境况，找有关部门批条子，给这位李殿秀师傅的女儿安排了工作，

✝

以为抚慰，这让一个刚刚遭受沉重打击的平民家庭重新点燃了生活希望。李师傅女儿名叫李美玲，被安排到市建一公司加工厂就业，她此后便视公司如家庭，以同事为亲人，一干数十年，直至到龄退休。

二七塔工程是一所学校，全面提升了市建一公司的企业素质和攻坚能力，也开阔了参建者的眼光和胸襟，培养了郑州建筑工程领域的管理人才。据现任市建一公司董事长段利民回忆(2021年2月18日，访谈者婴父、梁远森、郭程明)，1971年他刚满十八岁，是郑州郊区祭城公社陈三桥村的下乡知青。当年他有幸被招工到市建一公司就业，没想到入职后参加的第一个工程就是二七塔建设这一著名战役。这相当于一个尚未经历小学和中学教育阶段的孩子直接插班到大学学习，并且只许表现优异，不许挂科。他每天清晨骑车从南阳路家中出发赶到工地参加班前会，背诵几条"毛主席语录"之后开始进入施工岗位，他不惜体力，勤于思考，尊重师傅，边学边干，很快得到大家的认可。他从泥工开始干起，干遍了瓦工、钢筋工、木模工、油漆工各种行当；从开挖土方开始，参与和经历了基础工程、地下室工程、主体工程、附属设施工程、内部装修和收尾工程等全部流程。不到100天的时间，他完成了跨进建筑工程领域门槛的坚实的一步。

①
②

① 二七塔钟亭结顶时,施工人员满怀激情站在二七塔的最高处合影留念

② 二七老工人登上塔顶,合影留念,抚今追昔,感慨万千　照片提供　贾文玉

✝

他看到了将领如何决断，领导如何协调，知道了什么叫精心组织，什么叫团结协作，什么叫克难攻坚，什么叫勇争一流，心中从此有了一幅工程建设的完整棋局。"百日会战"的形式和精神都成为他的宝贵财富，对他以后的职业生涯产生了深刻影响。从那时起直到今天他始终没有离开过市建一公司，他当过工长、施工队长、工程处主任、项目部经理，一直干到总经理、董事长、党委书记，被评为全国建筑系统劳动模范。2004 年他带领企业完成产权改造，成为全省首家改制成功的国有建筑企业。目前集团公司年营业额早已超过 100 亿元，昂首阔步行进在省内同行业的领军位置。

在 1971 年国庆节前夕，二七塔如期完工。郑州市民欢欣鼓舞，奔走相告，观者如堵。施工中市民百姓就常常层层环围，驻足翘首，好奇地透过脚手架纵横搭接的杆件观看它奇特的建筑形体，赞叹它一天天长高的个头，这时候更是万人空巷，每天有成千上万人到二七广场一带逗留，一睹新塔芳容。王辉本来是要大张旗鼓搞一次盛典庆祝新塔落成的——市建一公司已经做好了在全市主要街区进行"花车巡游"活动的相关准备并反复进行了排练——大卡车上花团锦簇，色彩逼真的二七塔木质模型亭亭玉立，包括广播站播音员张玉香在内的身穿背带裤、头戴柳条安全帽的十几位男女建筑工人摆出青春洋溢的造型，表现"百日会战"的胜利喜悦；车后的数百人组成的多个方块队载歌载舞，随车跟进……没料到9月份突发林彪折戟沉沙葬身蒙古温都尔汗的事件，王辉被中央军委召去集中开会，预设的日程安排全被打乱，许多工作上既定的安排被临时取消。二七双塔这么一次轰轰烈烈的建筑营造活动却未能有一个热热闹闹的收尾，建设者们都觉得余兴未尽，十分可惜。

二七双塔在一种宁静祥和的气氛中开门迎宾。内中展厅布置了二七大罢工专题展览——这是在二七塔开工建设时同时安排筹备的。展品除了在铁路系统和参加过"二七大罢工"的老工人那里搜集到的丰富的历史文物之外，还包括新近完成的油画、中国画、雕塑、照片、工艺制作等展品。郑州市知名的美术工作者张绍文、王乙丙、禹化兴、吴树华、李智、禹友琛、张万一、侯宇台、左国顺、王天佑、常宗贤等都参加了展品创作和制作工作。艺苑点兵，精英荟萃，集中创作，昼夜突击，整个过程亦堪称另外一个战场的百日会战。据禹化兴回忆文章《一座魂牵梦萦的历史丰碑》一文记述，禹化兴承担了展览的整体设计任务并创作了《长春桥旧址》立体画和《为争人权争自由而战》钧瓷镶嵌壁画，吴树华创作了《劳工血泪》浮雕，林国光创作了《京汉铁路总工会成

✝✝

立》油画，广州美院应约创作了《星火燎原·毛主席去长辛店》油画，张万一创作了《高斌怒斥靳云鹗》油画(高斌为郑州二七工运领袖、京汉铁路总工会郑州分工会委员长,靳云鹗为镇压二七工运的直系军阀)……展品丰富多彩,令人耳目一新。展室层层递升,展线环环相连,让参观者有一种山阴道上应接不暇的感觉。二七塔开张大吉,每天参观人数多达万人,进塔后的参观者如饥似渴观看展览,登到塔顶极目远眺,360度俯瞰郑州全景,感受到了"一览众山小"的视觉快感,恋恋不舍,久久不愿离去。等候进塔的参观者排成长队,队形蜿蜒逶迤,从塔下地道入口沿着二七路一直排到一公里外的百货大楼。二七塔不得不限制参观者入内逗留时间,以提高流转效率。

　　二七塔的外部环境美化工程在百日工程告捷之后迅即跟进。按照中国传统建筑伦理,纪念性场所必有苍松翠柏配饰。王辉要求,一定要找到状如虬龙的松柏栽植于二七塔的身边,象征烈士精神万古长青。工作人员为此费尽心机,遍访省内山野河谷,先后在平顶山市和南阳市寻觅到两株符合条件的骨相不俗的古柏,终因山深林密难以运输而放弃。后来在新郑县城(今新郑市)北边的马堌村老坟地发现一株古柏,像是放大了的盆景,体貌奇崛,横向取势,主干低矮而枝杈密集均衡,犹如无数青碧

二七塔刚建成,和双塔合影是一种时尚,照相馆背景画布上
也换上了二七塔雄姿

✝✝

色喷泉上涌翻腾，又似一丛绿中透蓝的火焰熊熊燃烧。古柏品相极好，离郑州又近，王辉大喜过望，亲自率领挖掘机、压路机、推土机和运输车辆前往移树。他走进农家与干部群众对接，面对面坐下拍着对方膝盖与老百姓攀谈，答应当地人，若因移树而伤及老坟棺椁，必以木材赔偿。事后还要派专车来接事主家人到郑州登塔游览，还答应给生产队里解决一台手扶拖拉机以助农事，争取村中支持。移树运树工程说时容易做起来难，从开挖土方到运至塔下，整整用了20个昼夜。挖出的柏树连同根部土球重达30来吨，不得不借调电力建设部门大型专用车辆完成超限运输任务。一路上公安、交通、电信、供电和绿化等各个部门数十人随车步进，全程护驾，遇到供电线路通信线路等空中线路拦阻，则立即放倒线杆将线路落在地上以保障通行。在无数市民的注目礼中，古柏进入市区，栽到双塔身旁。王辉细数了一下古柏的树枝，不多不少，恰好27个枝杈，王辉满意地说：真好哇，这棵树真是专门为二七先烈而生啊！

那棵古柏至今仍然伫立在塔下原位，50年如同瞬间，它青葱依旧容颜不老，悄然不语听人添枝加叶叙述当年旧事。

在建成开放之后整整两年时间内，二七双塔虽然着实给郑

二七塔建成后,很快成为外事工作的窗口。图为 1972 年王辉(前右一)陪同外宾前往
二七塔参观,行走在解放路上　照片提供　王辉

✝✝

州人带来了兴奋,但因为当时媒体较少,传播渠道有限且缺少必要的策划和操作,二七塔在全国却一直默默无闻,鲜为人知。

两年后,转机从天而降。1973 年 10 月 14 日,加拿大总理皮埃尔·埃利奥特·特鲁多和夫人一行 85 人在周恩来总理及公安部副部长于桑、外交部部长助理王海容、中国驻加拿大大使章文晋等陪同下到洛阳参观龙门石窟,晚上回到郑州。车行至二七广场附近,周总理半倚半坐在后座上,听到一阵从二七塔顶部扩音设备传出的《东方红》乐曲和之后洪亮的钟声,透过车窗内轻薄的一层窗纱,看到了双塔身影,很是惊奇,便询问河南省的官员这是什么建筑。听完介绍之后,他十分赞赏地说:这么好的建筑,为什么不宣传一下呢?《解放军画报》率先落实周恩来总理的指示,在 1974 年第 2 期(总第 321 期)的封底上刊登了二七塔的大幅彩色图片。至此,二七塔的姿容身影陆续现身全国各大媒体,开始向海内外广泛传播。

二七塔的乐音和钟声因和周恩来总理发生联系而传为佳话,郑州市民对这乐音和钟声产生的朴素感情除此之外还另有缘由。二七塔的建成为他们重建了生活坐标,他们因此而复活了原来由广场木塔提供的空间感和方向感。乐音和钟声回荡在城市上空,让这个城市弥漫着庄重、快乐、自信的气氛。钟声仿佛来源于久远的历史,又给市民提供了当下的时间信息(这在当时是一个大受欢迎的功能,那时候手表属于奢侈品,腕上戴表的人还是少数),钟声和不远处郑州火车站的汽笛声前呼后应,音声相和,为这座城市的平静生活划定了时间刻度。

二七塔的乐音和钟声现在每天都会准时鸣奏,成为郑州市的时空元素和生活律动。据二七纪念馆职工马裕民介绍(2004年12月29日,访谈者婴父、刘岩),2004年6月的一天,他见到一位老人进入塔内,登上塔顶,未曾他顾,引颈向天,好长时间都站立不动,便心中有疑,怕出意外,趋前询问。老人回答说,他是一个郑州铁路上的退休工人,是专门来听二七塔打钟、奏乐的。他说,只有在这里,才能听到《东方红》乐曲。这位老人在二七塔给他提供的特殊氛围中,进入幻境,重返历史。

① 1973年也门乒乓球队参观二七塔　照片提供　贾文玉

② 1974年柬埔寨代表团参观二七塔　照片提供　贾文玉

$\dfrac{①}{②}$

1975 年日本代表团参观二七塔　照片提供　贾文玉

1975 年罗马尼亚代表团参观二七塔　照片提供　贾文玉

✢

陆　视觉符号和城市肖像

很多情况下,郑州人在向外部推介城市形象时,会精心选择一些视觉符号, 像工商企业和商品品牌需要设计一个专属的徽标那样,用以唤醒、强化人们对郑州这座城市的记忆和印象。这些符号一定是高度洗练的、概括的,反映郑州地方文化特色的。通常被选用的符号包括:

1.二七塔。

2.火车头:铁路是郑州在中国现代史上重新崛起的动力。铁路枢纽,交通中心,这是全国对于郑州城市地位的普遍认知。20世纪 60 年代郑州的孩子们不会忘记,郑州第一个冰棒(郑州人称为冰糕)品牌叫作"火车头",他们都是吃着"火车头"冰糕长大的,3 分钱一支的甜味的冰块, 那是郑州夏日酷暑中的大众情人,是沁人心脾撩拨童心的一股清风。2004 年,全国第一座火车

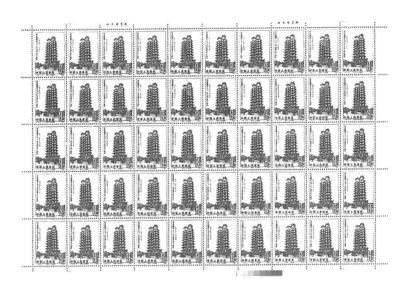

中国人民邮政 1989 年发行的纪念邮票,使二七塔获得国家名片的身份,得以
传邮万里、广布天下

✝

头主题公园——世纪欢乐园开园迎宾，黄金周期间每天接待游客一万人次以上。在京广线、陇海线风风火火日夜奔驰了几十年的蒸汽机车车头和领袖人物使用过的专列车厢，静卧在繁华的街市喧闹的人群之中，看郑州人怎样以怀旧的名义获取旅游业收益。

3. 双连壶：彩陶容器，泥质红陶，鼓腹平底，郑州大河村仰韶文化遗址出土的文物。是黄帝时代的器物，双壶连体，心腹相通，是双人共饮的酒具——同甘苦共命运，"生死之交一壶酒"，它被解释为友谊、爱情和联盟的象征。

4. 铜方鼎：古代社会权力与秩序的象征。郑州商城遗址出土的青铜器，斗形方腹，四足雄踞，纹饰华美，气度轩昂，是商代礼器中的重器，是郑州市建城 3600 年的物证。人民路与商城路交叉口，建有以铜方鼎为主体造型的"商城纪念碑"。

5. 月季花：苏东坡有诗"花开花落无间断，春来春去不相关。牡丹最贵唯春晓，芍药虽繁只夏初。唯有此花开不厌，一年常占四时春。"郑州的月季较之洛阳的市花牡丹、开封的市花菊花，花期因经常性、重复性而更具市民性、普及性。1983 年 3 月 21 日，郑州市第七届人民代表大会第三次会议,确定月季为郑州市花。

6.毛泽东手书"郑州":摘取自毛泽东1964年为《郑州晚报》题写的报头。毛体字卓然不群,行云流水,神采飞扬,这两个纵长取势的汉字与《郑州晚报》一起,每天以数十万份印制,向四面八方传送,令人过目不忘。

7."哺育"雕塑:以"哺育"主题为造型的黄河母亲的汉白玉塑像,放置在郑州黄河风景名胜区内。

8.少林寺山门:"中国功夫冠天下,天下功夫出少林",少林寺既是佛教界的禅宗祖庭,又是武术界的功夫圣地,名重天下,四海皆知。有人说,少林寺在国际上的知名度,甚至超过了郑州市的城市影响力指数。2006年俄罗斯总统普京访问中国,北京以外唯一到访的地方就是郑州少林寺。这位醉心武术的总统下了飞机,直奔少室山下。说是访问过郑州,其实没有走进城区。以少林功夫为卖点,文化搭台,经济唱戏,郑州市设立了郑州国际少林武术节,举办了世界传统武术大会,向奥运会推销武术,用现代教育制度普及武术……郑州人在少林大纛之下培育、发展、做大了一个"武术产业"。

✝

9."大玉米":官方名称为"会展宾馆"或"千禧广场",郑东新区商务中心区核心建筑,美国 SOM 设计事务所设计(与上海浦东金茂大厦同一家设计单位),设计灵感来源于中岳嵩山的嵩岳寺塔。嵩岳寺塔建于北魏,是中国最古老的砖塔,建筑学家梁思成称其为"最不凡的宝塔""大塔的总体构图,是日后中国普通佛塔外形之祖"。SOM 方案显然借鉴了嵩岳寺塔的造型特点,郑州人一见钟情,认为设计者认真研究了郑州地区历史文化资源,向中国古建传统表达了适当的敬意。因为它的整体造型和外部肌理特别是夜间的灯光效果让郑州市民产生玉米棒的联想,因而获得这个昵称。

10.中原福塔:又名河南广播电视塔,总高度 388 米,是全世界已建成的最高的全钢结构广播电视塔,高于同类结构的日本东京铁塔(333 米)和法国巴黎埃菲尔铁塔。中原福塔在技术功能之外,具有强大的观光服务功能,拥有世界上最大的全景画、360 度旋转餐厅、距离地面 280 米的"空中漫步"环形平台、穿行于钢架结构之中的玻璃滑道等,2016 年获"河南省最美建筑"称号,是国家 4A 级旅游景区。

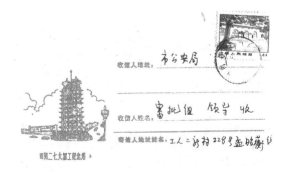

1970 年代及之后数十年使用的带有二七塔图案的信封

✝

11.郑州东站:全国最大的高铁站之一,是我国第一个实现高铁线路"米"字形交会的总枢纽,显示了这座城市难以超越的交通地位。

…………

林林总总,形象不一。尽管符号众多,而辨识性最强、公信度最大、使用率最高的视觉符号当首推二七塔。当询及外地游客对郑州的印象时,许多人会回答他(她)对郑州的了解,最初仅限于传媒中看到的二七塔影像,每次有人提及郑州,他们的脑海中便会自动浮现出双塔的身影。

1996 年 4 月,郑州诗词学会、郑州市老年诗词研究会、郑州晚报社等单位联合举办"嵩山杯"全国诗词大赛,组成大赛评委会(名誉主任祖松臣、王均智,顾问孙轶青、霍松林、李宝光、康群等,主任岳修武,副主任张立兴、邵其政、刘振忠等),采取约稿、公开征集等形式,在全国范围内征集以"歌咏郑州"为题材的诗词作品,历时半年,先后收到参赛作品 7000 多首(大赛原设想只在国内进行,并未向海外征稿,但陆续收到来自日本、美国、马来西亚等国家和港澳地区的作品,有的出自诗坛名家之手),经过评委会精心遴选,评出112首获奖作品和683首入围作品。在这两类共计795篇作品中,笔者统计,直接以"登二七纪念塔""谒二七纪念塔""咏二七纪念塔"为题者有42首(占二十分之一以上),而文中写到二七塔形象(不包括涉及二七工运)者,则达90余篇(占十分之一以上)。有趣的是,参加这次诗词大赛并且获奖、入围的作者,绝大部分是外地人,他们关于郑州的体会,并非来自自己的生活体验,很多人干脆就没有到过郑州,对郑州的了解,仅限于媒体上偶尔得之的只言片语,一鳞半爪。这么多人不约而同地歌咏同一座建筑,可见二七塔作为郑州的文化符号,是多么深入人心和广布天下。

有一项问卷调查表明,二七塔也赢得了年轻人的心。据司秒争、陈玲、焦艳红、穆念伟等人2005年5月在郑州市大学生群体(郑州大学法学院、河南农业大学牧医工程学院和河南财经学院工商管理系)中抽样调查,77.43%的人在初临郑州之前就听说过二七塔,72.88%的人认同二七塔是郑州市的标志。

2006年8月,中央电视台制作《平安郑州》专题节目,央视著名节目主持人撒贝宁在节目录制现场采访中共河南省委常委、郑州市委书记王文超和郑州市市民代表。为了考验测评普通

✝

市民与市委书记之间的默契程度,撒贝宁特别设计了三个问题,在任何人都事先不知的情况下,随机选了男女两位嘉宾,让他们和王文超一道答题。撒贝宁事后称他算服了,原来,他出的第一题是让任意写下一个词,可以是人名,也可以是地名,但要所有的人一看就知道是郑州;第二个问题是用一个词形容郑州人的性格;第三个问题是用一个字表达郑州在市民心目中和在全国的地位评价。结果,王文超和其中一位嘉宾第一和第三两个问题的答案完全一样,他们的共同答案是:"二七纪念塔""中"(作方位词为中原、中部之意,河南方言更多作动词形容词使用——中不中?中!——达成要约,是承诺;面临选择,是敲定;褒贬优劣,是赞扬。)撒贝宁所佩服赞叹的,既有城市领导人与市民间答案选项的高度一致,应该也有关于标志性建筑的官方认同与民间认同的高度统一吧。

郑州是一座质朴甚至有点木讷的城市。在相当长的时期不善炒作,不会作秀,缺乏文字铺陈,缺少影像关注,不像北京、西安、杭州那样,存在于唐诗宋词元曲的吟咏之中;不像上海、青岛、重庆那样,存在于老舍、茅盾、张恨水、张爱玲的叙述之中;甚至不像本省的开封和洛阳那样,存在于《两都赋》《东京梦华录》和《东周列国志》《水浒传》等历史典籍与文学篇章之中,被剧本戏文、被笔墨丹青描绘,被印刷品、胶片拷贝复制的次数可能也远赶不上武汉、长沙、济南、合肥这样一些国内实力相差不远的城市。散布于档案馆、博物馆中的郑州前朝旧事也缺乏学问家们的梳理、揭橥、阐释,所以在外国人那里,郑州市知名度实在不高,许多人甚至从来没有听说过这座历史悠久的中国内陆城市。在中国人自己眼里,郑州市缺少故事,缺少细节,缺少风情,缺少韵致,比较乏味。作家张宇写了一部小说名叫《软弱》,首开如实描写郑州城市环境的先例,金水河、火车站、羊肉烩面,娓娓道来;电视连续剧《校园先锋》表现中学生生活,《荣誉》展示公安干警风采,外景使用的都是郑州城市公共空间,让郑州人看了亲切莫名,外地人看了新奇有趣,对包装郑州推介郑州有那么一点意外之效。只不过,上面的例子只能算凤毛麟角,偶尔得见。总体上说,郑州城市形象的传播推广在传统媒介、先进手段两方面到如今都仍然处在初始阶段。

尽管如此,二七塔却在郑州鹤立鸡群,自 20 世纪 70 年代开始,它就走到了郑州市文化传播的最前沿,客观上充任了郑州"形象大使"的角色,在全国性与区域性的媒体和其他各种传播渠道频频亮相,不断登场,为自身也为郑州博取了青睐,收获了利益。中国人民邮政发行过"二七塔"邮票(发行数量 600 多万

枚),郑州市印制过地方个性化邮资封,使用的也是双塔形象。据
有关部门资料显示,仅 2002—2003 年,二七塔邮资封使用量即
达 1200 万枚以上。郑州市的许多工商企业以二七双塔为商业品
牌注册商标,"双塔牌"奶粉哺育过郑州一代新人;"双塔牌"油漆
扮靓过千家万户的新居;郑州市(不仅限于郑州)几乎所有的财
务人员都使用过或正在使用着以双塔为商标的二七牌复写纸,
各笔收支都沾染上那藏蓝藏蓝的颜色;郑州和外地卷烟厂、火柴
厂的产品包装上印有双塔图形;无数种笔记本、稿纸信笺、奖状、
证书以二七塔为装饰图案;英协剧院吃烩面、听豫剧的地方文化
套餐舞台背景中双塔高悬;郑州市在向市场经济体制转轨前一
个历史时期的有价证券、限量证券不约而同地纷纷使用二七塔
的白描和剪影;郑州市各级党政机关年节之际对外寄送的贺卡
设计,很多年不约而同都选用二七塔的形象……

　　也有借二七塔的名气吸引注意以图自救的案例。2006 年有
一个名不见经传的旅游景区号称要用 2 亿元购买二七塔的经营
权,通过媒体在社会上引起轩然大波,有人质疑企业实力,有人
解释相关法规,有人说明初始动机,有人预测经济效益,有人乐
见其成,有人强烈愤慨……虽然事情最终不了了之,明眼人看得
出来,这家企业与部分媒体串通一气,拿一宗铁定无法完成的交

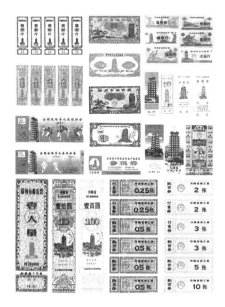

① ②

① 　使用二七塔图形标志的部分商品商标

② 　使用二七塔图形标志的各种票证,包括粮
票、布票、棉花票、侨汇券、购物券、购书券、参
观券、入场券、企业债券、税务发票,二七塔曾
经以这种方式全面介入我们不断演进剧烈变
化的时代生活　婴父　张卫星等收藏

＋
＋

易说事儿,以制造假新闻的办法炒作了一把,以比较低的成本实现了较高的广告收益。

　　二七塔就是这样被看得见的手和看不见的手一次又一次地擦亮,因而成为郑州市公共性极强的建筑物和公共艺术产品。可以说,二七塔是郑州市各行各业普遍认同的城市象征,是全市各界共同绘制的城市肖像, 是郑州人积数十年之功打造的文化品牌和商业品牌。郑州人共同瞩目它,关爱它,分享它,在自觉与不自觉之间,培植它,养护它,开发它,利用它,增值它,包装它,消费它。从这个意义上说,郑州市没有任何一件城市公共产品,和各行各业与市民大众具有这样一种整体上的关联度和利益上的一致性。二七塔的物质形态及其衍生的非物质文化形态,是郑州市的一笔财富。"经营城市"的概念未必科学完善却被普遍接受,因为它浅显易懂具有可操作性,例如"经营二七塔"的理念会很容易取得郑州人的共鸣——"经营"绝不是让二七塔进入商业领域,相反我们应当明白,二七塔给我们这座城市带来的是一种"外部收益",它创造的效益并不反映在自家账册和报表之中,其他产业却因之获利。经营二七塔就是让它在郑州形象的传播中具有更多的优先权, 让它在文创和旅游产品中产生更大的亲和力,让它拥有足够的"领地"和"领空"——在外部城市空间的

城市摄影活动的胸卡

礼品上的二七塔形象

城市摄影活动的海报

✝

分配和基础设施的支撑方面得到更好的安排和照顾，在二七塔身边建设能够拓展功能增强服务能力的设施和项目，让更多的人了解二七塔，体验二七塔。二七塔应当名列郑州城市优质文化资产的榜首，妥善保护，安全运营，不断增值，创造新的绩效。

柒　曾经的构图中心和红色禁忌

　　1950 年代苏联除政治、军事和中国深度合作外，开始在艺术和技术等各个领域对年轻的共和国产生广泛影响。在编制重点城市的总体规划工作中，苏联专家直接参与，在理论指导和实务操作两方面都做出了重要贡献。1953 年苏联专家穆欣研究了郑州的城市现状和发展需求，为郑州勾勒了一个城市规划草图——整个城市道路路网以二七广场为构图中心向四面八方延伸辐射。这让我们联想到了巴黎的凯旋门及其周围道路系统的图形(为了和放射状道路之一的人民路形成对景，郑州市东部的行政区一带后来修建了一些斜向的楼房，因有悖坐北朝南、正东正西的中国建筑传统，受到省委领导的批评，郑州市民也讥为"歪门斜道"，省市两级很快召开会议进行了纠正。实事求是地分析，所谓"歪门邪道"不应当由穆欣承担责任，因为在他提出放射路网规划意见之前，人民路和那些斜向的楼房已经开工建设)。1953—1954 年，郑州市组织技术人员，正式编制城市总体规划

✠

方案,接替穆欣工作的建工部苏联专家巴拉金(全名德米特里·德米特里耶维奇·巴拉金)亲自修订,加以完善。刘征远先生当年作为青年规划技术干部,被组织上选定跟随巴拉金实习。据刘征远回忆(2004年2月26日),巴拉金主持修复的规划方案对穆欣的方案作了重大修订,否定了单一的放射状路网结构,规划6条对称的主干道及3条环路,形成了放射加方格网的道路框架。巴拉金是苏联一个小城市(俄罗斯摩尔曼斯克市)的总建筑师,当时已年近花甲,长方脸,个头很高,富有经验,比较务实,在规划过程中特别注意了解城市的历史情况和发展现状。他常常是一张硫酸纸,一支绘图铅笔,徒手勾图,做城市道路结构的分析。1955年10月,巴拉金方案报国家建设委员会和城建总局,国家建委于1956年2月22日批复了该方案,肯定整个市区的道路以"二七广场"为中心,形成放射加方格网的道路骨架——这比穆欣方案要更加切合中国国情和郑州实际,以后郑州近50年的发展,总体上没有脱离这个规划方案规定的格局(1998年《郑州城市总体规划文本》规定,"市区道路网络呈环形加放射结构。市区道路分快速路、主干路、次干路和支路四个等级,道路骨架由4个环路、12条放射路组成")。站在现在的郑州市区现状图前,你大体上可以看得出这个六路放射加方环形的轮廓:放射线向东为东西大街,东北为人民路,向北为二七路、文化路,向西为

郑州火车站东广场

铁路工人雕塑

✝

解放路、建设路(解放路和建设路因铁路及仓储设施阻断多年未能连接,2005年前后才完成拆迁实现连通),西南为正兴街转中原路,向南为德化街、钱塘路。二七塔再次被确定为城市总图的核心,这里面既有道路系统构建方式的需要,也表现了苏联专家——同时也是苏共党员对这一特定区位(红色资源)在郑州城市精神中重要意义的价值判断。

不过,二七塔及其周邻的城市空间处在这个放射状构图的原点地位,事实上处境却十分尴尬。这个用地规模十分有限的小型广场,2003年大举改造前一直是一个交通环岛。从功能上分析,这个广场既是纪念广场,又是交通广场,还是商业性广场——周边的商业设施几十年来高度密集,以至郑州人不得不制造了一个"二七商圈"的词语来状述这种商业经济现象和城市空间形态。二七宾馆、亚细亚商场、天然商厦、商城大厦、华联商厦先后围堵上来,"根据一种全然不同的价值尺度,这一带商业集中区进行了空间重组,二七塔无论是在精神的价值上,还是在景观的价值上都没有受到应有的尊重。这座城市的市民差不多都亲眼目睹了这一让人不快的过程:商业建筑根据逐利的原则向二七塔趋集、集结,以分享它久有的知名度和它实际控制的空间领域。而与此同时,这些建筑各自雄踞一方,并不打算以它为基准,以它为环境中的制衡因素给予它相应的礼遇……"(范强,《居留与游走》,中国旅游出版社,2001 年)。二七广场被赋予了太多的功能,这些功能相互叠加又相互冲突,因为城市规划管理的控制失误,使得二七广场经常处于功能失谐、空间失序、景观失范、管理失当的状态。河南文艺出版社 1999 年出版的《当代诗人颂郑州》书中有李刚太诗《二七广场》一首,诗云:

> 此是州关旧断桥,工潮过尽接商潮。
>
> 巍峨楼宇环双塔,烂漫霓虹伴九韶。
>
> 广告遮天云影乱,车流塞地日华摇。
>
> 朝朝仪仗随金鼓,喜看红旗上碧霄。

诗人原意是夸奖经济繁荣之象,有评论赞曰"写商城形象也生动可喜"(龚依群语),现在读来,真真觉得是写实手法,用高度浓缩的语汇和结构方式,把二七广场的选址(旧断桥)、商业交通纪念三大功能(商潮、车流、仪仗)和现实困境(广告遮天的景观纷乱、车流塞地的交通拥堵、楼宇环围的建筑拥堵)和盘托出,一网打尽。以现在的眼光来看,这首诗更像是一段诚恳的批评。

进入改革开放时期,在奔涌的经济浪潮和纷乱的文化思潮

✠

之中,二七塔曾经遭遇到冷与热双重冲击。

冷,即冷眼相看,冷言相向。许多人将二七塔视作红色禁忌,认为二七塔作为二七大罢工的纪念物,是革命的象征、阶级斗争的象征,是这座城市的历史疤痕,与开放搞活的时代主流精神格格不入。仿佛这段故事是郑州城市曾经的羞辱,极力回避,不愿提起。有人调侃说:想办法给二七塔装上四个轮子,推走算了!有人甚至建议,干脆把二七塔拆掉——将二七塔逐出繁华,逐出视觉,迁建到郊外的旷野之中。说得出口的理由有二:一是它的存在严重影响城市中心区的交通,成了一个顽症;二是它的存在妨碍了周边地块的开发,对其他建筑形成制约。隐性的动机只有一个,那就是要把城市空间中的政治痕迹用外科手术的方式切除。在这些人眼里,二七塔是一个过时的应当绕过去的话题,他们宁可对造访这座城市的国内外友人谈禅说道,带着他们访寺谒庙,或者寻章摘句,向客人描述一番《诗经》中形容的郑州(新郑)"出其东门,有女如云"的浪漫景象,或者吹嘘一下家居郑州(中牟)的美男子老乡潘安"掷果盈车"的魅力。这些人喜欢轻松的浪漫的东西,不愿意太沉重,这无可厚非,他们在历史观、价值观方面很难说有什么太大的不对头。只是,他们缺乏中国现代史的常识,或者缺乏对郑州发展史的了解,误以为二七工运是一次铁路

①	②
③	

① 透过过街连廊玻璃看到的二七塔

② 杜岭街大鼎

③ 阳光下的二七纪念堂

✝

工人争取改善生活境遇的斗争，或者是一次不同利益集团的政治纠葛，以为 20 世纪上半叶历史烟云渐淡渐远，那段历史中的许多问题终将无是无非。哪里知道，二七工运是中国共产党成立后有组织发动的第一次工人运动的高潮——正是通过建党初期工人运动、农民运动的重要实践，中国共产党不断总结历史经验，在探索中前进，迅速选择走上军事斗争武装夺取政权的道路。即便用国际通行的文化共识来判断，工业文明替代农业文明，民主政治替代封建专制，这也是全世界当然也是中国发展进步的大势。二七工运是一声工业文明在中国崛起的号角，一次工人阶级对封建势力和军阀割据显示力量的有力反抗。中国工人阶级第一次作为一种新生的政治力量、一个独立的政治集团跃上历史舞台，这是通过二七工运实现的，是在郑州首先实现的，从此工人阶级开始逐步成为中国历史进步的主导力量。郑州人应该为此而感到无上光荣。郑州人为自己拥有 3600 年前成汤灭夏之后建造的伟大都城感到骄傲，同样，也应该为自己在中国现代工业文明进程中的浓墨重彩响鼓重锤感到自豪。二七双塔像一座丰碑，屹立在郑州市高楼广厦之中，屹立在中国现代史的灿烂星河之中。

热，即头脑发热，在商海波涛之中，二七塔曾经降尊迁贵，沦

① 老百姓都叫它"大玉米"

② 老城墙就在城市里

③ 二七塔依然是主角

④ 郑州东站

✝✝

为广告载体,被商业利益打扮得光怪陆离,面目全非。在大型商业活动中经常粉墨登场,披挂上阵,而日常状态中又衣冠不整,仪容不修,一派潦倒之象。"二七烈士"司文德之孙司斌克回忆,二七塔在 20 世纪 90 年代有那么一小段时间处于病态之中,大钟不再整点报时,几座大钟的表针指向东倒西歪,各不相同,给路人提供的是一组错乱的时间信息。在纪念二七大罢工 70 周年的一次座谈会上, 司斌克对此表示了强烈的不满:"都说是二七双塔警钟长鸣,现在钟都哑巴了!"1996 年,郑州市政协九届三次会议上,政协委员沙恩全、孟天才提出"让二七塔钟声重新响起"的提案,反映了郑州市民的关切和要求。

一热一冷,殊途而同归,其结果,都是二七塔的形体空间与精神领地遭受侵害,二七广场,市声喧嚣,红尘万丈,二七塔及二七塔的价值一时间被颠覆被消解了。

捌　城市

　　二七塔为纪念二七工运而建,为纪念烈士英灵而设,而从更深层次来看,它或许可以看作是一座郑州全体铁路工人的造像,看作是这座城市人文精神的谱牒。

　　关于郑州城市性质,先后有过几份权威文件。1956年国家建委批准的《郑州市总体规划》指出,郑州的城市性质特点有三:一、以轻工业为主的工业城市;二、全国性的交通枢纽之一;三、省会迁郑州后是河南省的政治、经济、文化中心。1984年国务院批准新的郑州市城市总体规划,明确郑州的城市性质仍是三大要点:"河南省省会,重要铁路交通枢纽和以轻纺工业为主的工业城市";1998年郑州市又一轮城市总体规划(国务院当年批准)明确城市性质的语句作了明显的调整:"郑州市是河南省省会,陇海—兰新地带重要的中心城市,全国重要的交通枢纽,著名商埠。"变动的是产业结构特征,不变的是因铁路而产生的重要地

✝

位 (陇兰地带是一个以铁路为纽带贯通我国东中西部连通欧亚大陆的经济走廊)。郑州是一个由钢轨支撑的城市,由火车头牵引的城市,铁路决定了郑州的角色和身份,决定了郑州的昨天、今天和明天。

郑州铁路修筑于 20 世纪初期。19 世纪末,郑州城区面积只有 2.23 平方公里(还没有现在郑州大学新校区的规模大),人口只有 2 万人(一个河南省体育中心的座席就可以全部坐下)。隋唐时期,这里便为繁华的州治,千年荣损沉浮之后衰落如此,积贫积弱的情形可想而知。铁路未修建前,城区一直保持明代以来的基本形状,与一般封建的县城大同小异,长方形,东西长南北短,街衢路网连接各个城门。交通并不便利,道路狭窄,起伏不平,没有现代工业,商业也不发达。是铁路和火车再造了郑州。1904 年 3 月,清廷用比利时贷款修筑的京汉铁路汉口至郑州段正式通车,建立京汉铁路郑州车站。1905 年 11 月 15 日,郑州黄河铁路大桥落成,贯通了京汉铁路全线,清廷开始在老城以西至火车站附近修筑新的商业街市。1908 年末,汴洛铁路通车运营,两大铁路干线在郑州交会, 郑州一跃成为中原地区乃至全国的重要交通枢纽,并由此进入城市发展史上的新时期。省政府开始筹建郑州商埠,此后,人气剧升,商机凸现,迅速出现了商家云集

退出历史舞台的蒸汽机车,当年曾吞吐风云,气壮山河 摄影 婴父

✝

商业繁荣的局面。日本人林重次郎于 1919 年—1922 年，在郑州专门进行了商业考察，写成《河南省郑州商情》一书。这个人很看好郑州作为内地商业城市的地位，把郑州称为"中国的芝加哥"。20 世纪 80 年代，记得有一位教授提议把"建成东方芝加哥"作为郑州的发展口号，先是很多人叫好，认为目标宏大，鼓舞人心，后来风向一转，又被人认为崇洋媚外，拟喻不伦，招致讥讽——大家有所不知，这并不是郑州人或国内学者的新发明，始作俑者，原为东洋人士。

"在京汉铁路修建后，车站与西门外连成一片，形成新市区，取代了旧城区，成为新的城市生活中心。陇海路修筑后，铁路与城南也连成一片。在这些新发展的地区中，有些是铁路所属机构或铁路职工住宅，还有大量为客运、货运服务的旅馆、饭店、商店、仓库等。""……人口有很大的增加。最初增加的是大量的铁路工人，他们的居住区在车站与旧城之间的铁路沿线。于是，在车站与旧城西门外之间迅速地形成新市区。新区为方格形路网。商店、洋行、银行等集中在银行街、大同路、福寿街、敦睦路、德化街、二马路一带。市区迅速扩展至 5.23 平方公里。"——董鉴泓先生主编的《中国城市建设史》，多次以郑州为例，论证铁路对城市发展的影响。

　　铁路枢纽的形成和铁路运输的繁荣，加快了郑州市在 20 世纪的重新崛起，成为郑州发展的最重要的驱动力量，并对郑州经济社会产生了全面的深刻的影响——回顾郑州由衰而兴实现崛起的历程，有分析认为，20 世纪郑州发展客观存在四大驱动机制，最初的也是最基础最重要的是"铁路枢纽的形成"（其他三项分别为"省会由汴迁郑""一五时期国家生产力布局"和"改革开放后的开发区发展模式"）——因为郑州的交通优势，中共建政后这里成为生产力布局的重点；还是因为交通优势，第一个国民经济五年计划时期国家在这里重点投资，形成了轻纺工业和机械工业产业基础，经济规模和人口聚集规模大幅跃升；仍然是因为交通优势，河南省省会放弃古都开封，毅然迁郑，确立了郑州在全省经济、政治、文化中心的地位。改革开放之后，城区发展出现了多元并进的格局，高新技术开发区、经济技术开发区和后来的郑东新区等都成为城市建设新的投资主体，改变了城区"摊大饼"的扩展模式，形成多板块、多组团的空间结构，提升了城市品质，也提高了城市开放度，还吸引和聚集了新的产业，这个过程也是在交通优势的基础上实现的。

✝

郑州的中心地位因为铁路扩而大之,超越了省域范围,冲出了河南地界。郑州铁路局 1949 年成立,管辖范围东至徐州,西至天水,南至汉口,北至石家庄。后来武汉、西安先后单独设立铁路局,又陆续并入郑州铁路局。郑州铁路局下辖郑州、武汉、西安、洛阳、襄樊、安康 6 个铁路分局——只有在铁路管理的层面,郑州与武汉、西安这样的经济重镇和历史文化名城才会出现如此的上下隶属关系——管内线路纵横交织,两跨长江、五跨黄河,贯通河南、湖北、陕西省,跨及山西、四川、甘肃、山东等省的 32 个大中城市、87 个县,构成东达沿海、南通两广、西连川陕、北接京津的发达的铁路网络, 是全国货流、车流主要调整的中心地带,素有"铁路心脏"之称(2005 年 3 月 18 日,铁路系统撤销所有分局,实行铁路局直接管理站段的体制,对郑州铁路局管辖范围进行了调整)。上海大学历史学教授朱学勤曾在河南做下乡知青,他当年头戴一条脏毛巾,乔装打扮成贫下中农的模样,扒上火车(货车),免费旅游,第一次闯进郑州北站。他后来在一篇文章(《书斋里的革命》,长春出版社,1999 年)里描写了他当时的感慨:"那是全国铁路系统最大的出发场,有几十股道岔,几十辆火车头全停向一个方向,生火待发,吞云吐雾,场面很壮观很迷人……"朱学勤描写的北站当然还在,需要订正的是,它不仅是全

1950 年代末的郑州火车站　摄影　杨蕊因

1990 年代末的郑州火车站　摄影　婴父

✢

国最大的"出发场",它还是全亚洲最大的铁路编组站,日编组能力两万多辆。每天都有数以万计的车辆在这里集结、整合、定向、重新出发,走向四面八方,走向国内境外……

应该说,郑州在向国家中心城市和全国新一线城市目标奋力前进时,郑州的部分城市功能是先期达标率先突破,如全国铁路运输中心及客流物流中心的地位早就在全国称雄一方, 这个地位,没有争议。郑州铁路枢纽由14个车站组成,包括3个特等站,2个三等站,6个四等站,3个五等站, 加之在郑州交会的陇海、京广两大铁路干线,辅助和连络线路,铁路技术设施,总用地规模十分庞大,影响和决定了郑州城市总图的基本图形、功能分区和长期走向(针对京广、陇海两大铁路干线呈 X 形交汇于城市中心的形状, 日本建筑大师黑川纪章先生在研究编制郑州市郑东新区规划时, 曾经提出过优化城市空间和功能布局的双 V 形城市产业带的构想)。2004 年底,铁道部与河南省政府共同展望了为期不远的之后几年郑州铁路发展的前景:2010 年以前,以郑州为中心,新建 4 条铁路专线,郑州至西安、北京、上海、武汉 4 座特大城市,将通过铁路连成一个 3 小时快速通道。也就是说,从郑州出发,3 个小时内,看一场电影吃一顿饭的工夫,就可以抵达这 4 座城市中的任何一个。铁道部的同志不无幽默地说,如此一来,郑州就变成北京、上海的"后花园"了。事实上截至目前,郑州高铁网的交会图形早已突破了"大十字"的阶段,已经在全国率先形成了高铁"米"字形路网的枢纽,郑州至重庆,郑州至合肥,郑州至济南,郑州至太原,也都实现了专线直通,高速畅达。

　　铁路对郑州的影响不仅仅表现在城市空间结构和产业结构上,也不仅仅表现在对其他城市的吸引力和辐射力上,更深刻的影响还隐现在日常的市民生活之中。你行走在城市干道上,随时会在铁路立交的上部和下部穿行而过,随时会听到不知从哪里传来的火车车轮飞驰而过的节奏。不经意间你就会看到铁路机构的招牌、标志,遭遇铁路系统的仓库、厂房、场站、住宅和从幼儿园直到大学全链条的教育体系。你会偶遇铁路工人文化宫、火车头体育场,你会随时在人群中和楼群中看到帽檐上和屋檐下的铁路路徽。铁路工人是这座城市的最大族群,许多家庭,代代传承为铁路工作,二七烈士司文德之父即为铁路修建工人,加上司文德之子之孙,连续四代均为铁路工人。铁路世家,这在郑州是一种普遍现象,目前这座城市中心区超过500万常住居民中,有三分之一以上的人数与铁路有着血亲、姻亲和产业链条的关联。每天上百万的流动人口大部分也是由铁路载来和送走的。

✣

列车时刻表既设定了这个城市最大一个产业的运营节奏，也框定了这个城市最大一个群族的生活规则。铁路使这座城市成为中国最大的"动感地带"，给这座城市带来各种口音、理念、行为方式和消费习惯，带来守候、约定、偶遇和巧合，带来无限的市场和商机。郑州就像是一杯鸡尾酒，由铁路日复一日地为它带来新的成分和新的配方。铁路还为这座城市未来物流业、会展业、旅游业的迅速发展一一埋下了伏笔。铁路使这座城市具有开放的胸襟胸怀，形成多元文化兼容并蓄的城市精神。铁路的半军事化管理模式和以铁路时刻表为工作纲要的规则又锻炼了最讲纪律、最讲时效的一支工人队伍——这支大军积极地影响着这座城市的日常运作。二七塔所纪念的彰显的传承的，正是这座城市灵肉深处最可贵的基因。

二七塔不仅是一个革命纪念馆，它还应该办成一个铁路文化博物馆，一个火车头家族的大宗祠。假如这个功能可以添加上去明确下来，那这座塔就会对这座城给予更多的回报。

郑州市中州大道上的世纪欢乐园。是中国第一座火车主题公园　摄影　婴父

✢

玖 历史文化街区的纽结点

二七塔作为城市环境中的景观元素,作为一个标志物,对邻近地区的环境元素具有整合、统领的作用。"不同元素组之间可能会互相强化,互相呼应,从而提高各自的影响力;也可能相互矛盾,甚至相互破坏。一个巨大的标志物会使它基底所在的地区相形见绌,失去尺度。如果标志物的位置恰当,它能确定并加强一个核心的地位……""在城市肌理中,所有的元素都共同作用,研究各种成对出现的不同类元素的特征,比如标志物与区域,节点与道路等等,一定会十分有趣。"美国城市规划理论家凯文·林奇在他的名著《城市意象》中所作的这些分析,适用于二七塔及其环境。

二七塔侧立在东西大街的西端,解放路的东端。穿行于东西大街和解放路的繁华,顾盼之间,你会发现二七双塔这时候是单塔形状,独立,清癯,风姿绰约;漫步在南北向的德化商业步行街和二七路,你看到的二七塔则双塔连体,迎光挺立,稳健,厚重,更富端庄之美。伫立于二七塔顶层,凭栏眺望,东西大街、德化街、正兴街、解放路、二七路、人民路等尽收眼底,二七广场不大的一块公共空间,把这些街市纽结在一起,将郑州自商代到隋唐到明清到中华民国,再到中华人民共和国整整一部城市发展史的篇章节段衔接连续起来,不缺页,不断行,不漏句,使郑州不多的历史文化物质遗产家底一览无遗。

东西大街,是郑州最古老的街道。东起城东路,西至二七广场,全长2300米,以紫荆山路为界,以东称东大街,以西称西大街。东大街自明清以来,曾叫敏德街,民国时期改为中山东街,解放后改名东大街,"文革"中改名解放东路,1978年恢复东大街原名;西大街曾名里仁街和解放中路。据史料记载,东西大街初建于唐代武德年间(公元621年),荣损兴衰,历经沧桑,距今已有整整1400年的历史,这里文物荟萃,形成了厚重的文化积淀。

郑州文庙位于东大街东段路北,始建于汉明帝永平年间。占地74亩,并排三院,中轴共有五进院,殿宇廊房二百余间,历代屡倾屡修,不知凡几。清光绪二十二年又遭火焚,灾情上报,"部议重修"。按地捐款,土木大兴,两年竣工。主体建筑大成殿,面阔

✚

24.5 米，纵深 11.5 米，高 25 米，殿顶覆盖琉璃瓦，双层飞檐歇山，殿脊有人物画像、飞禽走兽，形象生动，色彩鲜艳。殿内雕梁画栋，12 根朱漆明柱排列前后，整个殿宇巍峨雄伟。其附属建筑棂星门、戟门、明伦堂、敬一阁、尊经阁、东西两院以及对街照壁等各具特色。民国以后经常驻军，殿宇廊庑多被拆毁。抗战时期，郑州两度沦陷，文庙几乎被彻底破坏。1955 年郑州市人民政府拨款修葺，郑州文庙被列入省级文物保护单位。可惜十年动乱，再遭破坏，仅存大成殿一座，也是脊檐残缺，不避风雨，还被圈入一家工厂的院子，长期占用。2004 年，郑州市名列中国八大古都，文庙恢复工程被列为"郑州商城遗址保护及环境整治工程"的重点项目，之后郑州市政府斥资 3000 万元修缮文庙。完工后，2007 年 1 月 1 日零时，中断 100 多年的文庙撞钟仪式重新恢复，108 响钟声揭开古城新年的帷幕。

东西大街从商城遗址中穿过，假如你清晨从这里走过，会看到大街南北两侧的商城土墙周围人影幢幢，练拳习剑的，吊嗓拉琴的，你会看到朝曦微明的背景下呈现出的城市新民俗景观。商城遗址具有 3600 多年历史，是一座以商代城墙为主体的古文化都城遗址，总面积 25 平方公里，城垣周长近 7 公里，呈纵长方形。城墙的夯体宽约 20 米，高度最高处达 10 米左右。城内已发

郑州文庙棂星门

✝✝

现有巨大的宫殿建筑遗址;在城外发掘出多座铸铜、制陶、制骨等手工作坊遗址。还出土了大量的青铜器、陶器、玉器、石器、骨器、象牙器和刀刻字骨等。据专家考证,郑州商城是一座拥有宫城、内城、外城郭和护城壕的大型城址,具备明显的城市规划布局,拥有完整的军事防御体系。郑州商城为商初亳都,都城首建内城外郭的体制,在我国城市发展史上具有开创性的地位;城市功能之完善,城市规模之宏大,城市营造技术之复杂,都达到了当时世界上的领先水平。根据历史学、考古专家论证,世界上与郑州商都年代相同(距今 3600—3300 年)或略早的文明古国的都城,其规模、建制都远逊于郑州商都。如两河流域的古巴比伦城、阿苏尔城(亚述帝国宗教首都,面积 0.6 平方公里),印度的摩亨佐达罗城、河哈拉巴城(今属巴基斯坦,面积 2.5 平方公里),伊朗的苏拉城(面积 2 平方公里),都无法与郑州商城比肩。可以说,郑州商城是当时世界上最大的都会。

东西大街也曾名人辈出。唐大和年间,诗人李商隐辞官闲居于郑州西城门一带,在多次登临夕阳楼后有感而发,写下了感叹人生的诗作《夕阳楼》,诗中写道:"花明柳暗绕天愁,上尽重楼更上楼。欲问孤鸿向何处,不知身世自悠悠。"登楼后的人生感叹荡气回肠,为唐时郑州夕阳楼建筑留下佐证。这里还是中国北宋建

中国历史上第一部建筑规范《营造法式》制定者宋人
李诫，其故居位置就在东西大街离二七塔不远的地方
李诫铜像雕塑　中央美术学院雕塑研究所

✝

筑宗师李诫的故里,他集古代建筑规范之大成,编写了《营造法式》,主持宋宫室修建,在中国建筑史上享有崇高的地位。李诫于2000年被评为郑州十大历史名人之一。宋朝名相吕夷简退休后就住在郑州这条街上。吕夷简在宋仁宗时代三度拜相,从政时间长达13年之久,是名副其实的权相。在废立皇后、迁移首都等问题上范仲淹与他意见相左,自此两人长期不睦,屡屡交锋,形同政敌。但他敬重范仲淹的品格和能力,关键时候总是暗中力挺范仲淹,范仲淹知道后很是感动,曾专程来郑州拜望,表达敬意和歉意,两人竟夕长谈,依依不舍,留下一段历史佳话。

东大街上还曾拥有过开元寺、子产祠(郑州人为纪念古郑国执政子产的功绩而建)、关岳庙,但因千余年间,遭遇天灾人祸,寺庙和祠堂早已荡然无存。东西大街虽然是千年古街,但年久失修,多有坎坷,东端低洼处到了雨季,积水如湖,车马行人,望而却步。1901年11月,清慈禧太后和光绪皇帝外逃西安后返回北京,从这条路上经过,当年郑州知州李元桢为迎接銮驾,突击修路,黄土铺街,路况略有改观。1932年,郑州商户士绅筹办"郑县药材骡马大会",报请官府整修东西大街,地方官员令沿街住户各人自扫门前雪,填平沟沟坎坎,然后集中治理,抬高洼地标高,统一碾压路面,这以后,东西大街始为坦途。1954年,东西大街建成柏油马路；1990 年代，东西大街拓宽改造，变作今天的模样。

如果说东西大街是一部郑州的"古代通史演义"的话，德化街则是一部郑州现代历史的"缩写本"。

清光绪年间，清王朝开始修筑卢(卢沟桥)汉(汉口)铁路，1901 年(光绪二十七年)3 月，郑州车站建成，1905 年河南巡抚陈龙奏请清廷批准，将郑州辟为商埠，并在郑州车站周围规划街道，如今的德化街打那时候开始，出现在郑州市市政道路的路网之中。德化街南起大同路，北至长春桥——今二七广场，长 405 米，初名天中里，北段惠仁街，因"惠"与"毁"谐音被谑称"毁人街"，遭商人忌讳。传说 1916 年，清末举人刘邦骥和众商家合议以"德化育人"之意，重新为街道命名。

陇海铁路通车，与卢汉铁路相交于郑州老城以西，郑州开始形成铁路枢纽。因与火车站邻近，德化街(惠仁街)逐渐成为商旅中心和物流中心，旅栈、货栈相继出现。到了 20 世纪 30 年代初期，德化街商誉日隆，省内外一些有名气的绸缎、医药、百货、餐饮行业纷纷迁入，出现了商贾云集、繁华兴旺的景象。

✝✝

1948 年 10 月郑州解放后，德化街继续保持了商业街形象，并且愈加繁华。据资料记载，德化街的商户和经营品种在解放后发展迅速，经营品种由过去的 800 多种发展到 4000 多种。这里不仅有大江南北的丝绸、呢料、服装、百货，全国各地的皮毛、花布、水果、干货等，还有全省的优质土特产品，当时德化街有时货店 23 家、钟表店 20 家、医药店 14 家、布店 23 家、鞋店 6 家，加上图书、理发、照相、浴池等，林林总总，百业兴旺，不愧为郑州名符其实的商业中心。到 20 世纪 90 年代以后，德化街更被本地市民和外地游客视为郑州市的打卡地。只是因为过度改造，德化街缺少老街旧巷的气息，这不能不说是个硬伤。

在二七广场交会的二七路、解放路、人民路也无一不是郑州重大历史事件的现场，承载了丰富的历史信息和集体记忆。二七路（当时的长春路）南端中华圣公会礼堂是一座青砖洋楼，抗战胜利后的 1945 年 9 月 22 日，中国第一战区在此举行受降仪式，侵华日军第十二军司令长官鹰森孝中将代表驻扎于郑州、洛阳、开封、新乡的日寇向中方投降。在经历两度沦陷生灵涂炭之后终于迎来胜利庆典，郑州市民拥上街头，欢呼雀跃，锣鼓声和鞭炮声此起彼伏。夜幕降临，郑州热闹的街区龙灯旱船一起出动，东风夜放花千树,鱼龙腾跃长春路。大家欢呼歌唱,在这里度过了一个不眠之夜。

解放路(当年的慕霖路和迎河街、顺河街)是1948年10月刘邓大军消灭残敌解放郑州时的入城之路，也是郑州市人民政府首任市长宋致和骑马赴任的所经之途。郑州由此进入新的历史纪元。解放路北侧区域旧称"老坟岗"，这里的"巴巴墓"，是明朝时阿拉伯国家来华传教的穆斯林真人默穆都哈的瘗葬之地，也是郑州市回族聚居历史和郑州民族团结融合历史的见证。老坟岗在旧郑州有着和老北京"天桥"相类似的地位,曾经是三教九流、五行八作会集之地，是郑州商业和民俗文化的集中展示区。

人民路由市中心通往新建的"行政区"，施工过程中称为"省府大街"——河南省会1954年10月由汴迁郑，之前1952年10月中央政府正式批复河南省关于省会迁移的报告，而人民路则于1951年开工，从城市基础设施的建设安排和服务靶向角度看，是人民路的建设启动了省会迁郑的工程实施，拉开了郑州变身河南省政治、经济、文化中心的序幕。

✝

二七广场是放射性道路的汇集之地，更是郑州历史的纲领所在。如果有作家或学者有意撰写《郑州传》的话，那他最基础的工作就应该是先写一本《街巷志》，通过理清郑州城市街间的关系，构建郑州历史故事的时空逻辑。那样的话，二七广场这个地方，一定是这个《街巷志》的主要章节，是个需要认真研究的枢纽之地。

二七塔连接着东西大街、德化街、二七路、解放路、人民路这些记录郑州历史的观光线路，对这条线路进行历史遗产的保护、损毁建筑的重建、文化设施的完善、街景市容的重构、观光产品的整合，有利于郑州市历史文化名城形象的包装促销，有利于形成郑州城区的文化肌理。

拾　文博机构、礼仪场所和精神领地

　　二七纪念塔面南而立,正门朝向广场,大门为传统的卷棚歇山经典样式,红色实榻乳钉对开门扇,色彩温润华滋。门楣上方或大门边侧,不同历史时期悬挂过不同的机构名称牌匾。

　　二七塔建成时管理机构称作"郑州市二七纪念塔管理处",1971 年 9 月开始运行,首任管理处主任、支部书记吴天平,副主任贾文玉以及军代表郭品三等奉命在郑州郊区的下乡知青中挑选工作人员。选人标准是符合三好条件(政治表现好、家庭出身好、相貌个头好),另外市里明确交代,不能选录高干子弟。经过明察暗访反复比选,最终从郊区十来个农场优秀知青中选中 32人,个个模样端正,青春靓丽;文化程度多为初中毕业,只有 6 人上过高中,平均年龄不足 20 岁,女孩子占了多数。这些年轻人接到通知,喜出望外兴奋不已,对自己的未来产生无限憧憬。他们兴致勃勃地完成集结,开始了同吃、同住、统一行动的军事化集

✝

体生活。每天天不亮就起床跑操,忙完一天,晚上 10 点多才回宿舍休息(集体宿舍安排在二七纪念堂)。白天的常规工作是负责接待、讲解、打扫卫生。他们刚刚开始入职到岗,尚未完成充分培训,便承担了高强度的工作任务——二七塔建成开放之初,塔内塔外,人如潮涌,川流不息。一天下来,做讲解的,累得口干舌燥,腿硬脚肿;打扫卫生的,鼻孔里脏得能抠出来两个煤球(当时的戏语)。但他们工作和生活在光环之中,有一种难以抑制的光荣与自豪——能够获得全民事业单位正式职工的身份,在那个城市就业十分困难的时期,无疑是被天降的幸运砸到了脑袋。他们的工作场所是明星建筑,宣传的是革命历史,代表的是郑州形象,市民、社会对他们无不高看一眼,敬慕三分。因此,他们只能以一种更高的标准自律,被一种更严的规矩约束。据曾任二七纪念馆馆长的薛学礼介绍(2004 年 12 月 29 日,访谈者婴父、刘岩),当年这一批员工,不论男女,大家一律穿旅社服务员那种上白下蓝的工作服,天天学习"老三篇",严防资产阶级思想侵蚀;坚持集体生活,一个星期回家一次;执行婚恋土政策:男不满 26 周岁,女不满 24 周岁,不能结婚,差一天都不行!天长日久,这个群体养成了讲政治、守纪律、爱学习、求上进、讲奉献的"家风",大家的政治水平、文化素质和工作能力都得到较大提升。后来这些人的职业岗位大多数发生了变化,有的参军入伍,有的恢复

1972 年 12 月，二七纪念塔管理处欢送本单位应征入伍青年　照片提供　贾文玉

✝

高考制度后考上了大学,有的转行,有的调离……倏忽之间,物是人非。二七塔见证了一代人的朝晖晚霞,青丝白发,也培育了一批郑州市的文化精英。从 32 人的群体中,走出了《郑州晚报》的高级记者,走出了郑州大学的教授,走出了博物馆馆长、艺术创作研究院院长、美术馆馆长以及其他文博机构的领导……一座二七塔,变成了郑州文化机构中坚力量的培训基地。这恐怕是在建塔之初,无人能够预设的一种功能。"人们塑造了建筑,建筑反过来又塑造了人们"(丘吉尔,1943 年在英国议会的讲演)。2015 年 1 月,二七塔最早的 32 名工作人员中年龄最小的一位(刘肇春)光荣退休,自此,二七塔彻底完成了代际更替,新生代全面上位,进入了一个新的发展时期。

代际更替新旧交接的过程中也伴随了血脉传承,二七塔工作人员中子承父业、母退女继的案例并不鲜见。根据已掌握的信息,截至目前至少先后有 16 位子女追随父母或在其父母退休之后进入二七纪念塔工作——在事业单位选录人员按规定由人事部门统一实行面向社会、"逢进必考"政策之前,这种"接班"现象在社会上相当普遍,也是正当合理符合政策规定的。这些"塔二代"们对二七塔具有异于常人的感情,他们孩提时代即生活在双塔光影之中,在阅台上嬉戏,在楼梯间攀爬,在父母的工作场所完成在学校没有写完的作业……他们心中铭刻着塔身的每个细节，熟悉塔内空间的边边角角，受父母影响先人一步知晓郑州现代历史、了解塔中展陈文物，和二七塔之间有一种与生俱来的亲切感。他们在这里从业，不只是填充工作岗位，完成规定职责，他们接续的是父母对双塔的依依不舍之情，他们承担的是新一代理当接力的守护者的使命。这些"塔二代"现在差不多都是二七纪念馆的中坚、骨干、先进工作者，他们年幼的孩子在电视和影像作品中看到二七塔的身姿时也会自豪地高喊：看！这是爸爸（妈妈）上班的地方！感情这东西，真的可以代代相传，顺着血缘往下流淌……

2007年二七纪念堂和二七纪念塔两座同一主题的纪念设施并作一处统一管理，机构名称2008年正式确定为二七纪念馆。据时任郑州市政府市长助理、郑州市文化局（文物）局长齐岸青回忆（2021年4月6日，访谈者婴父、李海燕、李建梅），二七纪念堂和二七纪念塔合合分分，2007年以前很多年都归属郑州市总工会管辖，部门分割，不利于文物单位、文化资源的保护和开发利用。市政府决定整合两座纪念设施，理顺体制，统一由文物部门管理，并解决了工作经费的财政全额供应问题，这是完全必要的。在这之前郑州铁路职工学校（中共创始人之一李大钊

✛

先生曾在此视察指导郑州工人运动，传播马克思主义理论)、日本国驻郑州领事馆(日本战前在中国设立的最后一个领事馆，也是日本在中原腹地的唯一外交机构) 等文物单位也交由二七纪念馆管理，由此，一个全市近现代历史文物管理、保护、研究和开发利用中心的框架初步形成。这个管理体制也反映了二七工运在郑州现代史上的核心地位。

近年来，二七纪念馆的职能和管理范围又进一步得到拓展，据现任二七纪念馆馆长张江山介绍(2021 年 3 月 30 日，访谈者婴父、李建伟)，按照市委市政府的要求，二七纪念馆的现有职责是：建立郑州市红色文化和近现代文化主题博物馆体系，研究保护近现代革命文物，传承弘扬红色革命文化。二七纪念馆管理保护的博物馆实体，除了前述二七纪念塔、二七纪念堂、铁路职工学校和日本领事馆外，正在建设的北伐战争博物馆、纺织工业遗址博物馆以及今后建设的现代文物文化展示博览区，均交由二七纪念馆统一负责。郑州现当代文物史迹的保护管理，出现了以二七工运为主轴，整合一体、全面覆盖、相互联动的格局。二七纪念馆的内部机构设置和人员构成也今非昔比，发生了巨大变化——纪念馆下设 11 个部室，包括资料保管部、学术研究部、参观接待部、社会教育部、陈列展览部、产业发展部、策划宣传部

1970年秋,薛学礼在照相馆二七木塔背景画布前留影

1971年末,薛学礼在新建成的二七双塔前留影。当时的他怎么会想到,自己后来会当上二七纪念馆馆长、专职以塔为业、与塔为伴

✝

等,分工明确,形成整饬的工作体系。现有工作人员 78 人,其中专业技术人员数占单位总人数的 65%,具有高级职称者 7 人、中级职称者 20 人、初级职称者 19 人。现有硕士研究生 18 人,专业涵盖中国近现代史、文物与博物馆、播音与主持艺术、民俗学、设计艺术学等,可谓精英荟萃,人才济济。作为一家国家二级博物馆,这是一个较强阵容。

多年来,郑州二七纪念馆利用二七纪念塔举办展览《千秋二七》面向全社会免费开放。展览分为两大部分,一部分详尽展示京汉铁路工人运动的全过程,再现历史,追怀先烈;另一部分表现二七塔与郑州这座城市的紧密关联,解读二七塔在郑州城市文化中的多重意义。《百年郑州》展览则以二七纪念堂南配楼为展馆,以时间为主线,以郑州百年来的纵向发展为脉络,从 20 世纪初的京汉铁路建成通车开始,撷取郑州现当代史上的重大事件,叙述郑州跨世纪的沧桑巨变。《千秋二七》《百年郑州》作为郑州二七纪念馆的基本陈列,观者无数,备受好评,被誉为郑州文博精品。纪念馆培养了一大批优秀讲解员,他们通过技术比武和赛事活动先后荣获"郑州市优秀讲解员""河南省十佳讲解员"称号,并多次获得全国性文博系统讲解员大赛的一、二等奖,他们以声情并茂的主题讲解、对答如流的知识储备和春风拂面的热情服务为自己赢得了"二七形象使者"的荣誉。

　　纪念馆每年结合时政和社会需求,精心选题,举办系列专题展览。为拓展受众,坚持开展"走出去"活动,将专题展览和演讲报告送进学校、企事业单位和城市广场,这种活动的频次达到年均40场以上。在传统的文化传播方式之外,纪念馆积极探索,利用网络实现弘扬"二七精神"的科技创新,先后建设了郑州二七纪念馆官网、数字博物馆、微信公众号,还在网易直播平台开通了直播内容, 面向全国观众生动高效介绍二七纪念塔的前世今生和人文郑州的城市魅力。纪念馆不断深入"二七精神"的研究和阐释,自2011年起,创办馆刊《二七》,形成研究"二七精神"、郑州现当代历史和红色文化的阵地。全馆职工还表现了不俗的学术研究能力, 发表了数十篇相关论文, 出版多种专著。2013年,在二七工运九十周年之际,郑州二七纪念馆召开"京汉铁路工人运动九十周年学术研讨会",邀请国内众多专家莅临会议,会后结集出版《京汉铁路工人运动九十周年学术研讨会论文集》——郑州二七纪念馆正在努力成为全国性二七工运历史的研究中心和文化传播中心。

　　自文创概念火爆之后,郑州二七纪念馆不遑多让紧追时尚,

✚

开始了系列文创产品的研究开发,多次面向全国推出"二七"主题设计大赛,不断推动"二七精神"在艺术领域的精彩呈现。2015年的"二七布艺设计大赛"及其作品展,2019年的"百年郑州"及"二七纪念塔"文创产品设计大赛,表现亮眼,产生了全国性的影响。2021年3月10日,"郑州二七文创设计联盟"正式宣告成立——二七纪念馆与多所高校的设计学院、相关文化传播公司结盟,相约在资源开发利用、创新能力提升、人才培养、互通互融方面紧密合作,通过对"二七精神"的不断挖掘,提炼具有象征意义的文化元素、符号,完成对应的设计开发,实现二七文化传播的新突破。二七纪念馆在新的历史时期一刻也没有忽略、懈怠、轻慢它与生俱来的文化使命,始终以塔为旗,参与郑州市社会文化生活,参加城市文化嬗变、演进,并以推陈出新的方式对外讲述郑州故事,塑造郑州形象。二七塔的形象在充满想象力的文创活动中,将会变得更加可亲、可近、可爱,由现实空间的建筑形体,转化为炫目多姿的产品形态,由参观者可仰观可进出可登临的空间体验,幻化为可亲临现场可远程参与,可礼群贤可娱少长,可赏心、可悦目、可嗅闻、可品味、可爱抚、可穿戴、可歌之咏之舞之蹈之……的产品消费和生命体验。

郑州二七纪念塔近几年平均每年接待250余家企事业单位

在此安排入党宣誓及党员教育活动,接待 30 余所中小学和高等
院校的师生在此举办入队、入团、入党宣誓仪式,许多人在这里
完成重要的人生典礼,因而对塔内情境会萦怀不忘,铭记终身。
因为二七双塔的存在,二七广场也成为郑州市极具号召力、凝聚
力、亲和力的公共空间,无论官方还是民间,都把这里当作重要
的礼仪场所,频繁组织各种社会活动,无论节庆狂欢还是日常状
态,这里都会有各种名目的人群聚集,无论自发还是自觉,人们
为了释放和宣泄激情,强烈地表达自己的主张和理念,常常会相
约同行或不约而同、不谋而合、不邀而至地走到这里。1976 年 4
月,这里曾经发生"二七广场事件"。清明节前后,成千上万的市
民群众手捧花圈、挽联,臂缠黑纱,在这里自发举行仪式,用标
语、传单、诗词、祭文悼念周恩来总理,呼应北京天安门广场的
"四五"运动。在"四人帮"指使下,这次活动被定性为"反革命事
件",先后被逮捕、拘留、审查者多达 300 人以上。1979 年,"二七
广场事件"得到平反。20 世纪 90 年代末郑州市民在这里喜迎香
港回归,喜迎澳门回归,到 21 世纪初庆祝北京申奥成功,你在这
里就如同进入天安门广场一样,可以感受到整个国家整个民族
脉搏的律动和心声的共振。省市两级主办的各种主流文化广场
主题活动这里常常是首选之地——国际旅游小姐冠军总决赛河
南巡游入城仪式把这里当作进入河南进入郑州的城门,国际休

✝

闲旅游启动仪式把这里当作畅游天下的饯行场所，第十一届全国少数民族运动会开幕式火炬传递把这里当作跑完全程的凯旋之地……这一类政治色彩并不浓重的文旅活动体育活动也喜欢选定这里操办典礼仪式。没有人对二七广场的政治、文化功能和它在市民生活中的精神价值做出过专门规定，是社会生活对它的功能进行了二次重塑，这种重塑使二七塔和二七广场超越了一般的纪念性场所的意义，超越了二七工运的具体主题，使之成为一个城市最具崇高性的精神空间——精神住宅或称精神家园，成为像教堂那样的宗教场所。"宗教的和公共的建筑给社会提供了一个或多个中心。每个人通过把他们的住处与那个中心相联系，获得他们在历史中及社会中的位置感"(卡斯腾·哈里斯，《建筑的伦理功能》)。在我们生活其间的城市中，陈布了无数的建筑物，有太多的餐馆、酒吧、百货商场、超市、洗浴的 SPA、健身房、美发屋、干洗店、菜市场、银行和售房中心，这些硬件设施无疑给我们提供了极大的便利和充分的现实关怀，为我们的现代生活提供了社会和技术支撑，在无数的住宅和商业设施一片一片地在老城区与城市边缘成长起来的同时，我们注意到，我们的城市依然缺乏的是那些像"教堂"一类的建筑和场所，缺少为精神慰藉、为文化衍生、为历史追忆、为情感的储藏、为理想的收容而建造的建筑。这种建筑是每个城市不能或缺却又普遍稀缺的。如果一座城市能多有几处这样的建筑，那这座城市的生活就会是另外一个样子。

"建筑有一种伦理功能，它把我们从日常的平凡中召唤出来，使我们回想起那种支配我们作为社会成员的生活的价值观；它召唤我们向往一个更好的、有点更接近于理想的生活。建筑的任务之一是保留至少一点乌托邦，这点(乌托邦)必然会留下、并应该留下一根刺来，唤醒人们对乌托邦的渴望，使我们充满有关另一个更好的世界的梦想"(卡斯腾，《建筑的伦理功能》)。

二七塔就是这样的建筑。

✝

拾壹　经由民主形式得到的头衔

　　1989 年，河南省建筑学会建筑理论学术委员会、郑州市建筑学会、郑州市规划局联合组织专家和市民群众，首次开展了"郑州市十佳建筑"评选活动。据当时担任评委会主任、后来多年担任郑州市规划局局长的张泽高先生回忆（2005 年 1 月 20 日，访谈者婴父、司秒争），"十佳建筑"评选活动是在当年 8 月份启动的，目的是想借中华人民共和国成立 40 周年之际，总结郑州城市建设成就，进一步繁荣建筑创作，提高公共建筑设计水平。这次评选活动得到了专业界和广大群众的热情支持。各有关设计单位报来备选建筑约 60 例，交专家委员会（主任委员张泽高，委员有张万里、尹青、邓元庆、陈道榕、叶运奎、孟伯庭、顾馥葆、王龙飞、虞绍涛、张国梁、刘源柏等）评议，然后在《郑州晚报》刊出，由群众公开投票。11 月 14 日，评选揭晓，二七塔榜上有名。其他获选的九座建筑分别是：省人民会堂、亚细亚商场、黄和平大厦、国际饭店、少林武术馆、中原油田驻郑综合楼、紫荆山百货大楼、省体育场、郑州海关业务楼。18年过去,回眸这当年的"十佳",除少林武术馆远在嵩山脚下安然无恙外,大部分从名号称谓到外部景观和内部功能,都发生了剧烈的变化:人民会堂立面材料全面更新,花岗岩、大理石、镜面玻璃取代了干粘石、水刷石、钢窗玻璃,炫耀取代了质朴;亚细亚商场在"商战"硝烟消散之后,淡出郑州大型商场第一方阵,在二七广场环境整治中建筑立面也已被改造得面目全非;黄和平大厦早已改名为格陵兰大厦,像一直没有弄明白"黄和平"和"格陵兰"到底是什么意思一样,市民百姓也一直没有弄明白它为什么总是处于停业半停业状态;国际饭店立面变化小一些,但加入了一个国际品牌的集团,开始角色转型;中原油田驻郑综合楼改造成了一家四星级酒店(金桥饭店);紫荆山百货大楼脱胎换骨,身高增加了一倍以上,名字也改叫紫荆山购物广场;郑州海关业务楼灯红酒绿,现在是一家海鲜酒楼;省体育场在劫难逃,遭受被拆除的灭顶之灾。建筑形象——城市景观变迁的速度让人瞠目。从总体上看,变迁的动力当然主要是那只永远存在着的"看不见的手"——资本的力量,摧枯拉朽,所向披靡;还有一股不断转向着的"看得见的风"——时尚的作用,出神入化,蚀魂刻骨。在资本与时尚两大势力的推进下,整个城市的面貌悄然地却又迅速地一刻也不停顿地发生着变化。随着变化,市民关于城市空间的意象、归属感、

✝

场所感随之大量流失。从具体街区、单体建筑来看,景观变迁的量度与街区、建筑自身的品质优劣呈反相关的关系,优秀设计、优质施工、优良管理的"三优"建筑相对来讲,容颜变化的速度要慢得多。二七塔论身高,只不过是个小高层的高度,论面积,还不足 2000 平方米,差不多算是一个小品建筑。但是,较之同称"十佳"的其他建筑,它最大限度地保持了自己的功能稳定、形体完整,从而保持了尊严。与现在郑州市建成区数以百计的高层建筑相比,它仍然能够以小胜大——以它较小的物质体量所承载的精神性,卓然而立,睥睨群伦,保持它在郑州建筑之林中的显要地位。也许,这是纪念性建筑所特有而商业性建筑却很难具备的天赋。

二七塔以它在设计方面的优良品质,以它的故事性,以它的标志性,还成为郑州市重要的旅游资源、旅游产品。

城市是一个巨大的文化实体,在为现代旅游业提供强大的技术支撑的同时,蕴藏着丰富的游憩空间和旅游吸引物。建筑素有"凝固的音乐""石头的史书"之誉,是城市旅游不可或缺的内容,而标志性的建筑历来都是一座城市最受游人关注的风景。二七塔建成之后,即开始向社会开放,向百姓开放,到二七塔上登

高望远,眺望绿城风景,成为对市民百姓、特别是对外地游客富
有吸引力的观光项目。据二七纪念馆提供的数字,自1971年起
至今50年间,二七塔游客年接待量平均保持在20万人次以上,
总接待量早已超过1000万人次。最近几年每年接待人数更高达
70万人次,如何让纷至沓来的游客享受良好的旅游体验,始终
是二七塔管理者的核心课题。

在世纪之交的2000年,郑州市旅游局为了盘点郑州历史文
化资源,包装推销文化观光产品,组织了"十大历史名人""十大
历史名产""十大历史故事""十大观光街区""十大风味名吃"以
及"十大旅游景点"的评选活动,前几项"十大"走的是专家路线,
而"十大旅游景点"评选活动却大张旗鼓,动员市民广泛参与。
2000年7月21日,郑州市旅游局在黄河饭店召开郑州"十大旅
游景点"参选资格评审会议,由郑州各县市旅游局和有关单位推
荐参评景点,郑州市旅游局延请专家学者组成评委会(评委会主
任范强,委员为单远慕、王鲁民、张宇、于德水、孙子文、许绍力、
王庆生、李铁成、杨长春、宋庆方等)在审查确认资格有效的60
余个评选对象中反复权衡,认真讨论,评选出了20个候选景点。
专家们确立和使用的评选标准,一是"知名度",所选景点要名声
远播,在旅游市场要具有较大影响力;二是"观赏性",不能很有

✝✝

说头,没有看头,更没玩头。游人来此有景可赏,获得美好的旅游体验;三是"通达性",交通条件、旅游经营条件较好;四是"标志性",具有地域文化的特征。郑州市旅游局联名郑州市广电局、郑州晚报社在2000年7月28日《郑州晚报》上公布了20个候选景点名单,同时刊出景点的基本情况、评选方法、奖励办法等,号召市民群众踊跃参加投票。在规定时间内(8月5日前),郑州市旅游局共收到选票261 477张,其中符合评选规则的有效选票229 371张。面对铺天盖地滚滚而来的选票,"评选办"始料不及,抓紧加强工作力量,专门请人设计了电脑计票系统,集中了8台电脑和十几名电脑录入员,日夜奋战了一个月时间,才最终得到统计结果。少林寺得票223 080张,稳保龙头地位,二七纪念塔则以144 251票高票当选,名列第七。其他当选的景点是:黄河游览区、中岳庙、河南博物院、嵩阳书院、北宋皇陵、黄帝故里、浮戏山环翠峪、嵩山三皇寨。二七纪念塔和河南博物院两栋现代建筑跻身山河古迹之间,同登金榜,表明市民对城市形象、城市景观、城市标志物和城市旅游吸引物的重视,展示了郑州市旅游资源、旅游产品的多元化结构。在这之后,围绕"十大旅游景点"开展的后续活动连续不断,2000年8月28日,"十大景点"负责人首度聚会,共议发展大计,在"十一"旅游黄金周到来之前,向社会和游客作出优秀服务的郑重承诺。2000年12月10

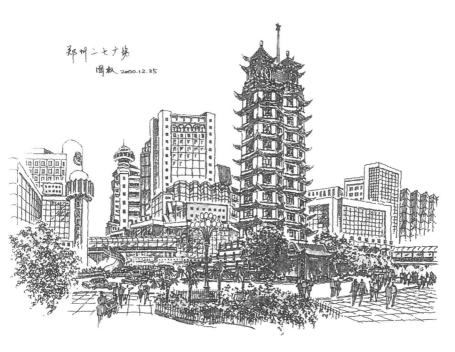

建筑画　钢笔淡彩　2000 年 12 月参加过二七塔设计工作的杨国权先生得知二七塔入选郑州十大旅游景点后欣然命笔

✝

日晚,"郑州十大旅游景点颁奖晚会"在郑州电视台《综艺新干线》特别栏目隆重推出。在晚会上有五名市民因全部选对十大旅游景点又抽得幸运数字而得到免费参加港澳游的机会。"曲终人不散",十大旅游景点评选活动的整个过程跌宕起伏,精彩纷呈,受到市民百姓的好评。包括二七纪念塔在内的十大旅游景点因名列金榜而声誉重振,走在郑州旅游精品队列的第一方阵之中。

拾贰　年轻的文物

　　二七塔落成时间为1971年。15年之后,河南省人民政府将二七塔公布为省级文物保护单位——15岁的文物,这在国内是极为罕见的。河南向称文物大省,地下文物保有数量和文物馆藏数量迄今稳居全国各省区首位。郑州又是文物大市,拥有全国文物保护单位的数量亦列全国地级市首席。河南人、郑州人没有必要追求文物数量,扩大文物阵容,用以显示自己的人文荟萃。在这座3600岁高龄的城市中, 一座幼龄的建筑受到这样的呵护,唯一合理的解释是,河南人、郑州人不但为源远流长的中原文化而骄傲,而且,懂得爱惜自己在中国近现代史史册中的光荣,懂得如何妥善保存自己身后珍贵的足迹。

　　二七塔被批准和公布为省级文物保护单位 (1986年11月21日省政府豫政(1986)111号文件),但申报、论证、决策的过程并不一帆风顺。据河南省文物局原局长杨焕成先生回忆(2004年

✝✝

4月15日,访谈者婴父、刘荣增、曹阳),当郑州市将二七塔列入省级文物保护单位推荐名单呈报之后,省文物局组织专家论证时,出现了截然相反的两种声音。一种观点持否定态度,认为二七塔既非严格意义上的历史事件旧址(因为长春桥早就不见了踪迹),又非历史实物(像汪胜友、司文德墓地那样)。有人提出,假若当年二七广场木塔还在,那它的入选资格或许更接近评选标准,毕竟它更富有年资。反对者还认为,从二七塔的建筑形式上看,这座困居闹市的双塔全无中国古塔之相,既非楼阁式,又非密檐式,自创形制,不伦不类。河南省共有800多处古塔,其中独立凌空的塔有600余座,摩崖雕塔200余座,许多古塔都是中国古代建筑的翘楚。有那么多座塔供我们研究、观赏、保护、利用,为什么我们现在要去推崇一座具有仿古倾向却在叙述近现代故事的不古不今的新塔呢?二七塔的争议性与生俱来,这一次在文物工作者和古建筑专家面前,再一次引起巨大争议。当年主政河南省文物局的杨焕成先生坦然承认,最初他本人对二七塔入围省级文物保护单位是持保留态度的。这位1964年在北京"红楼"参加过国家文物局举办的古建培训班、亲聆过梁思成先生"古建筑通论"讲授的学者型领导,在回忆中充分介绍了当时的不同意见和自己的态度,原原本本,实话实说,清澈澄明,完全是一尘不染的学者与长者的君子之风。后来经过充分讨论,杨

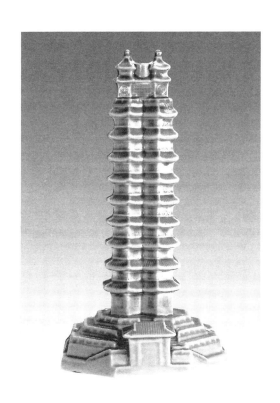

汝瓷 二七塔 1980 年代中国人民保险公司河南省
分公司订制　闫新法　摄

✝

焕成的观点发生了逆转，对二七双塔名列省级文物保护单位这件工作发挥了重要影响。

欢迎二七塔进入文物行列的意见也很集中，有理有据，认为：一是尽管大家对塔形有各种不同评论，但二七塔本身是京汉铁路大罢工的纪念建筑物，是重大历史事件的纪念载体；二是二七塔已经成为郑州市的重要标志，被市民普遍认同，具有广泛的民间影响；三是从社会效应看，将二七塔定为省级文物保护单位，有利于缅怀先烈，进行二七精神和优秀文化传统的教育；四是有利于树立郑州形象，提升郑州的文化品位，有利于郑州申报国家级历史文化名城(郑州市的历史文化名城身份在 1994 年才正式取得，由国务院批准公布，名列国家历史文化名城第三榜之中)；五是有利于增强市民的文物意识，有利于加强文物保护工作。在多轮讨论中，大家你一言我一语集思广益，赞同的意见渐渐成为主流。省政府在听取文物部门的汇报后，十分重视，斟酌再三，才最终敲定，正式行文，同时在《河南日报》等主流媒体上向社会公布了包括二七纪念塔在内的河南省第二批文物保护单位名单。二七塔由此而获得了一个新的身份，获得体制上的更有力度的珍爱和保护。见报之后，反响良好，没有激出新的负面评论——本来省文物局，是做好准备要写一篇文章，在报纸上发

二七纪念塔是这个城市的集体记忆　2002 年　摄影　婴父

✝

表，为二七塔被批准为省级文保单位做一点辩护辩解工作的。这篇文章没有写，因为社会上没有人站出来为此质疑。

　　2004 年 10 月，杨焕成、张家泰、杨宝顺等文物专家受河南省文物局的委托，再次对二七塔进行了实地考察和研究论证，认为二七塔已具备申报"全国重点文物保护单位"的条件，建议将二七塔连同位于钱塘路中段 82 号的二七纪念堂一起，向国家文物局推荐，申报第六批"国保"。河南省文物局于 2004 年 10 月 15 日呈文上报。在我国第一个"文化遗产日"即将来临之际，2006 年 5 月 25 日早上，温家宝总理亲自签署，当日，国务院批准核定的第六批全国重点文物保护单位正式公布，1080 项珍贵历史遗迹名列其中，郑州二七纪念塔和二七纪念堂榜上有名。

　　所谓文物，是指那些承载历史信息，具有重要历史、艺术、科学价值的物质实体文化遗存；而"国保"者，国宝也——国之瑰宝也。"国保文物"，是国内文物的最高级别，它们是祖国辉煌历史的重要物证，是华夏民族生生不息跋涉前行的珍贵记录，同时也是当下社会主流价值观的载体。二七塔名列"国保"，体现了它所讲述的故事在中国现代史上的地位，体现了二七塔文化价值的国家认同。这是二七塔所获各种荣誉中的最高殊荣。截至目前，

英国城市规划师大卫·韦特斯(左)和他的同事在郑州考察
二七塔　摄影　婴父

✢

全国国保单位共有 5058 处，它们大多数历经沧海桑田，阅尽天下兴衰，都有千百岁的高龄，而二七塔只有 50 周岁，是少数几个年轻鲜活的国宝之一。

拾叁　因爱而讼

一位名叫任俊杰的郑州铁路客运段工人，常年关注着凝视着二七塔与二七广场，琢磨着思索着怎样改善二七广场的景观质量与交通秩序。虽然，他从来没有得到过建筑学与规划学的学位，没有经受过正规的专业教育和学术训练，但任俊杰凭着一腔热情、三年努力，日有所思、夜有所梦，殚精竭虑，终于完成了一套以充分利用地下空间为特色的"双 Y 形交通下穿式广场改造方案"，不但受到二七广场周边商家好评，也得到了中国工程院院士、北方交通大学教授王梦恕，同济大学教授、历史文化名城保护著名专家阮仪三等人的认可。

王梦恕院士在收到任俊杰寄送的规划方案后，于 2001 年 4 月 14 日和 2001 年 7 月 2 日先后两次致信任俊杰，肯定任方案的基本思路和主要内容。他在 4 月 14 日信中称赞："我很敬佩你对社会的责任感，热爱自己家乡、所居住城市的主人翁精神。我

✝✝

国需要你这样的人。"他在 7 月 2 日给任俊杰的复信中说："来信
寄来了'郑州市二七广场改造方案(B)',基本思路和规划是非常
合理的。……建议将该方案上报郑州市规划局,请他们审改后组
织专家论证,论证其必要性、可行性以及其经济性,对郑州的原
城市规划进行整合。总之,希望下一步在(B)方案的基础上,抓紧
宣传、落实,我将通过人大也帮你促一下。……一个新的构思需
要有关部门、领导去体会,所以,不能急;但也不能慢,因为城市
的发展很快。望找有关领导、部门,让他们理解,更应理解你对社
会、人民的责任心。"王梦恕院士是国内著名的隧道与地下工程
方面的专家,原籍河南省温县,对家乡省会颇为熟悉并很有感
情,他还向任俊杰提到他熟悉的郑州市政府和郑州铁路局两位
领导,希望其能够得到他们的支持。

阮仪三教授有历史文化名城"保护神"之誉,在 2001 年 7 月
26 日致任俊杰的信中称赞说:"作为一名市民,非专业工作者,
真心关注城市建设,认真研究并提出具体建议方案,实属可佩可
嘉。人民城市人民建,大家都来关心城市建设,城市就能更好地
为人民造福。"

显然,任俊杰从两位学术大家那里受到了极大的鼓舞,平添

阮仪三教授和王梦恕院士致任俊杰的信

✝

了巨大的力量，有了一种两腋生风奋然欲举的快感。实际上，王梦恕院士、阮仪三教授在信中除了鼓励之外，还条分缕析，提出了不少学术和技术问题，供任俊杰参考研究。如阮仪三谈到："……在这一窄小地段，受周围已建建筑限制，惟有用多层立体方式才能妥善解决交通问题。但这是个复杂的综合系统工程，可能不能单从一个广场来考虑，也不能单从一个线路来解决，因为城市(郑州)已经有地铁的考虑，地下还有其他管网。广场的立体交通国外有许多成功的例子，国内限于经济力量还未有实施，目前只能是做远景规划设想。对于二七广场的全面更新，我的意见是要结合城市总体规划，作全面研究……"

由于知识储备的局限，任俊杰在研究过程中更见劳苦，缺少那种纵横捭阖、出入随意、俯仰皆宜的驾驭能力。为了研究二七广场改造方案，任俊杰出没于广场的车流和人流之中，流连和沉迷于广场的情景意象，举首仰望，低头沉思，用目测、用步量、用自行车轮一圈一圈的滚动取得数据。他没有助手，缺乏技术装备，绘图工具是一把木尺，他在画圆和曲线的时候，使用的工具是锅盖、茶杯、药瓶、硬币。他独行特立，有时像一位古时的侠客，来去匆匆，行踪不定；有时像一位当下的流浪汉，晃晃悠悠，转来转去。二七塔的工作人员、在二七广场一带值勤的交警、周边商

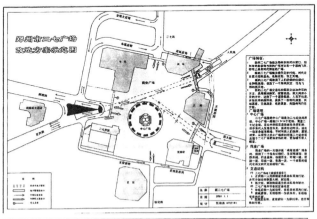

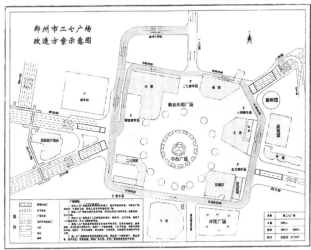

任俊杰制作的《郑州市二七广场改造方案示意图》

✝

场的营业员都渐渐认识了这个为二七塔而如痴如醉的铁路工人。因为研究二七广场改造方案，任俊杰向所在单位的领导告假，向亲戚朋友借钱，不计后果，把全部心力投注于双塔之下。

2002 年郑州市政府决定将二七广场改造提上议事日程。4月，郑州市规划局开始向社会征集二七广场改造方案。任俊杰于 2002 年 6 月 18 日向市规划局提出申请，请求对其以建设双 Y 形地下隧道为核心内容的广场方案进行评审。2002 年 8 月 29 日，市规划局函复任俊杰，称只有取得《城市规划编制资质证书》的单位，才能够从事城市规划的编制工作。任俊杰所提供的二七广场改造方案，仅仅是一张表达自己个人意见的示意图，不符合国家技术规范。市规划局认定，任俊杰不具有相应的工作资质，他提出的规划方案，不具备组织专家评审的条件。也就是说，他被拒绝入场。

任俊杰对这座塔这座城市的热情遭到了冷遇，他转悲为怒，一纸诉状将郑州市规划局告上法庭，诉规划局侵犯了其"公平竞争权"等项权利，认为规划局招标投标程序违法，要求撤销被告已采纳的上海袁采堂都市景观艺术有限公司与上海城科规划设计事务所共同制作完成的以 U 形天桥连廊为核心内容的二七广场改造方案。

　　我们无意评论铁路工人任俊杰规划方案专业水平的高低，无意评论郑州市规划局行政行为的得失，我们从这个为倾心于一座塔一座广场而兴讼的案例中看到的，是这座塔这座广场在市民情感世界心理空间的地位和体量。一位市民用法律手段、用对簿公堂的行为方式来保障自己对一个建筑一处公共空间的情感与智慧的投入不被漠然处之、不致完全流失，在国内外都是少有的事件。中央电视台《今日说法》节目对这件事专门进行了报道。这个发生在郑州、被央视披露的诉讼案件，与其他涉"豫"涉"郑"媒体曝光让我们处于尴尬地位的事件有所不同，它对郑州的城市形象有益而无害，或者毋宁说这是对郑州的一次正面宣传——它证明了郑州人对自己所生活、居住的城市的历史与现实的关切与挚爱，表现了郑州城市管理的公共性与开放性，从而彰显了这座城市的现代性。

　　2003 年 12 月 2 日，二七区人民法院审结任俊杰状告市规划局一案，法院一审维持被告对原告作出的答复意见，并驳回原告任俊杰的其他诉讼请求。但是法院认为，任俊杰关心城市规划建设，积极提出意见和建议的精神应予肯定。任俊杰接到判决

✝

后,表示不服判决,将进行上诉。

　　任俊杰的规划方案被排除了,另一个规划付诸实施,成为现实。2004 年 1 月 17 日,二七广场综合整治工程竣工典礼隆重举行。2003 年 1 月 23 日开工的这组工程,历时一年整,投资 1.6 亿,营造了二七广场现代、时尚的新面孔。对二七塔向心回护的一座长 578 米的过街廊桥,由钢结构玻璃材料组成,是目前亚洲最长的过街廊桥;6 部自动扶梯不断滚动上下廊桥,首开郑州室外空间使用自动扶梯的先例,显现出便利市民的人性化理念;二七塔南的广场上隐藏着无数个喷嘴,可以在阳光下布置出供孩子们穿行其间的喷泉水柱的丛林;1.5 万平方米的广场中央,地面上用微晶石铺设成 1923 年二七大罢工时京汉铁路沿线城市区域的地图。随着广场人群渐渐散去,空中七彩纸屑的纷纷落定,二七双塔开始进入人们为它设定的新的空间秩序和都市情景。郑州市民和中外游客通过自动扶梯登上环围双塔的廊桥,一边行进,一边远远地眺望双塔,获得了崭新的视觉体验和空间体验。他们发现,二七塔比过去起码处在一个更受尊重的位置,二七广场因为有了明确的地缘界定、功能整合和设施重建,有史以来第一次成为一处真正的城市广场。

任俊杰在街头向市民讲解宣传自己的二七广场改造方案
照片提供　任俊杰

✝

　　这时候，任俊杰继续为他的规划方案而坚持上诉。四处奔波，还有什么意义，还能实现什么目标呢？任俊杰非常冷静和理智，他说(2004 年 3 月 14 日，访谈者婴父、程忠民)："我相信现在是一个法治社会，没有什么纠正不了的错误。有人说我有病，我知道这是什么意思。我坚持上诉，这样做，不图别的，为的是保护自己今后再提出方案的权利，也为全社会的合理化建议开辟一个绿色通道。"2006 年因为质询郑州城市道路咪表停车的合法性问题，任俊杰再兴诉讼，将郑州市规划局告上法庭。

　　让任俊杰感到意外的是，2006 年 7 月 29 日下午，郑州市市长赵建才走进自己家中，对他关心城市建设、监督城市管理的努力表示感谢。赵建才要求郑州市规划管理部门，今后郑州城市规划工作要建立市民参与的机制，关系市民利益的重大决策出台以前，一定要举行听证会，保证市民的知情权和话语权。赵建才欢迎任俊杰对政府工作多提意见和建议，表示市政府应该自觉主动地接受市民的监督。

　　任俊杰心里热乎乎的。他尽管对城市建设各个方面都有浓厚兴趣，但最有感情的还是二七塔。他从小就居住在二七塔南不足 200 米远的地方，长大后日常活动区域也在二七广场周围，依傍在木塔和双塔身旁成长，他在精神上已与双塔重合，人塔一体。他说他在广播电视、报纸杂志上听到看到"二七塔"这个词的时候，就感觉好像是有人在呼唤他的名字。

任俊杰与二七塔的故事并没有到此结束。从这以后他固守二七塔、研究二七塔、优化二七塔外部环境的信念更加坚牢，他更加笃信个人努力的社会价值。2009 年 8 月，郑州市规划部门公布了二七广场地铁站规划方案，任俊杰向规划部门提交了书面的建议，规划部门两次答复，做出解释，任俊杰对答复不满，认为理据不足，不能让人信服，再交涉时，规划部门不愿继续辩解回复。任俊杰恼了："一意孤行坚持错误，实在让我失望，简直是拿二七广场当儿戏。"一纸诉状，又向郑州市二七区人民法院提起行政诉讼。

2002 年任俊杰兴起诉讼的那次二七广场综合改造工程完工后，在拓展二七广场领地、提升公共空间品质、改善二七塔周围视觉环境、为步行者提供游览便利等方面取得了良好效果，但在有效解决机动车过度汇集、交通拥堵方面并无进展。为了解决这个问题，郑州市 2020 年 10 月启动了二七广场隧道工程，将二七塔周围路面机动车流引入地下，广场周边彻底改造成步行街

✢

区。项目计划 2020 年竣工通车。任俊杰对这项工程仍持异议。他说:"现在要建下穿隧道,一定程度上也印证了我当年提出的方案是科学可行的。但现在设计的 S 形选线不对,另外隧道内曲度太大,车速太低,将来会给外围造成超级拥堵。"

除了隧道工程正在实施,毗邻二七塔的德化商业步行街改造、二七广场周边的商业建筑改造等项目都在实施或正在酝酿之中,官方、学界、商家、民间现在对二七塔形成了完全一致的价值判断,有着高度一致的良好愿望,却也有着不尽一致的计算、考量和口味、偏好,有着不同的视角和站位。

任俊杰发自肺腑地说:"二七广场就像一个庞大而复杂的树根,我们处理好了,他就是一个价值连城的艺术品;若处理不好,就是这个城市永远抹不去的痛, 也是让世人耻笑我们这座城市的话柄! 我已经坚持了 20 年,肯定会坚持下去。"

有人说任俊杰性格偏执,有人说他多管闲事,吃饱撑的,还有人说他是一位堂·吉诃德式的矛盾人物,既充满理想,又不切实际。手执长矛大战风车,执迷不悟,绝不轻言放弃。可笑、可敬又可悲。

任俊杰是否为他挚爱的城市提供了神机妙算、技高一筹的工程方案,这需要专门研究另做判断。但他的存在,显现了郑州市民不计荣辱、坚守理想的精神,也证明了这座城市的规划建设领域仍处在一个容许批评、接受制衡的良好的文化生态之中。任俊杰用他的个性化的表达方式给二七塔和二七广场的故事增加了一个别有滋味的桥段。

✝✝

拾肆   前沿课题和公共话题

为研究二七纪念塔对郑州所产生的巨大的经济、社会效益，包装和开发城区旅游资源，对郑州市文化资源进行深度加工，2004 年 3 月 10 日，郑州市旅游局、郑州市文化局联合召开"一座塔与一座城"学术研讨会，并举办了同名的研究资料展。郑州市副市长孙新雷、市文化局局长齐岸青、市旅游局局长范强等与20 余位来自国内外的规划、建筑、公共艺术、城市文化方面的专家学者参加了会议。与会专家对二七广场和二七纪念塔进行了实地考察，对研究者广泛搜集的官方与民间、实物与影像、立体与平面、历史与当下各个方面的近 3000 份展出资料高度评价，认为研究过程和会展方式像是一个行为艺术作品。

与会专家认真讨论了郑州市旅游局提交、由婴父撰写的两万多字的关于郑州二七塔的研究报告《一座塔与一座城：诠解与叙事》，一致认为，以社会学、历史学、文化学、建筑学等诸多学科

《一座塔与一座城》学术研讨会上专家发言　摄影　于德水

＋＋

的学术方法共同研究一座现代建筑与一座城市的关系，借题发挥，包装城市文化形象、重新梳理城市文脉，是一个开拓性、创新性的工作，其意义绝不仅限于一个单体建筑。讨论塔与城的关系，是进入新时代后对一些历史事件历史现象的重新反思、探讨和评判，是一种强烈的表达方式，对全国其他城市的学术研究、城市规划和文化产品生产都有积极的影响。

周长城(武汉大学社会学系教授、博导——时任职务，以下皆同)认为，郑州市把二七塔当作一个重要的文化实体和旅游资源来认真研究是很有眼光的。目前许多城市和地区在如何挖掘本地旅游资源方面，主要是着眼于投资型扩大外延式的开发，着力于多建旅游设施多建宾馆饭店，但在开发利用人文资源方面没有更多高招。郑州市关于二七塔的研究，综合了社会学、历史学、文化学、建筑学等诸多学科的方法，对国内其他地区具有示范性、导向性。以武汉为例，效法这种模式，也可以研究"一座楼(黄鹤楼)与一座城"的关系，可以研究"一个人(张之洞)与一座城"的关系，可以研究"一个事件(辛亥革命)与一座城"的关系，这是旅游产品深度开发和宣传促销的一个良策，一个高效率的模式。德国经济学家韦伯认为文化对经济的作用主要有三种，一种是阻碍作用(例如我国的传统文化对商业的阻碍作用)；一种

周长城

是促进作用;还有一种是延缓作用。文化对旅游业主要是促进作用,而我国现代化的一个很重要的助推器就是旅游业。从这个意义上,研究历史文化通过旅游业推动社会经济发展,二七塔案例是经济学社会学领域的一个典型实例,既具有一定的学术价值,又具有一定的实践价值。如果一个城市的文化底蕴通过提示和渲染让老百姓看得见摸得着,对加强精神文明建设是实实在在的教材。建议建立一个中英文网站,使市民和游客深度了解二七工运和二七塔,传播二七精神,并以二七塔和郑州市的关系为脉络把郑州城市景观串联起来,做成影视短片等,利用网络在海内外扩大影响力,真正形成社会价值导向和游客出游导向。

雷颐(中国社会科学院历史研究所研究员)认为,在计划经济时代,"二七"就已经成为一个商标、一个品牌。例如"文革"期间,河南有个造反派组织叫"二七公社",许多外地人都知道它,对别的造反派却没有什么印象,这就是"二七"这个品牌的力量。因而抓二七品牌是很有实际意义的。长期以来,郑州、河南不善于或不屑于表现自己、推销自己、包装自己,对于具体的个人来讲,这或许是一种性格,或许是一种道德修炼的境界,但对于市场经济条件下的一个大都会,这不能不说是一个弱点,对搞旅游、搞市场经济相当不利。河南有很多好的东西,有时候好的东

雷颐

✝

西不宣扬,对河南和河南人不利的东西反而会到处流传。二七塔
与二七广场规模体量虽然不大,环境却非常好,不是单纯表现政
治意涵, 不为强化政治气息而消解和回避原有的商业价值。相
反,二七广场表现了一种与市民生活息息相关的元素。二七塔有
政治意义,但与环境有机地结合在一起, 又与百姓生活、商业活
动结合, 成为有日常生活的有人文气息的尺度感良好的公共空
间,成为人们聚会、喝茶、休闲、聊天、购物、看展览的这样一种公
共空间。square(广场)这个英文单词的本义就是小空间、小空地,
现在不少地方包括好多县城的广场建设都在模仿天安门广场,
规模过大,标准很高,但缺乏平民性和亲和力。而二七广场恰恰
符合广场的原意,给人一种新鲜的感觉,这也是它的特色。需要
指出的是,现在二七塔内只有二七大罢工等相关资料的展览,政
治意味仍嫌太强。希望在二七塔内办一个反映二七塔发展变化
过程的展览,展示自身的出身和历史,甚至包括没有被采用的二
七塔设计方案、市民设计的二七广场改造方案的内容,这是非常
有魅力的内容。

Hassennflug(德国包豪斯大学欧洲城市研究中心主任、教授)
认为,二七塔是一个重要的历史载体,也是一个城市文化中心。
人们除了关心塔本身, 更关心塔背后的郑州市有别于其他城市

Hassennflug

✝

的独特性的东西。需要研究的是如何通过对二七塔及周围地区的规划,使郑州整座城市更具个性,而个性化是现代城市发展的核心问题之一。在改善二七塔环境方面,Hassennflug 提出四点建议:一是从个人经验来看,寻找文化个性必须追溯历史。据我所知,二七塔周围在 20 世纪 50 年代就是环岛状的设施,如何把现在的设计思路和历史上的基本状况结合起来非常必要。按照欧洲的经验,塔周围的建筑应具有向心性,服务于塔这个中心,否则就会显得杂乱。二是强调二七塔和德化步行街不可分割的关系。德化街由政府投资建造,据观察还没有取得商业上的充分成功。步行街的一个原则是节奏不能太快,太快就会影响步行街的使用效果。建议这个步行街进一步延长扩大,形成更大规模的步行区域。目前,步行者跨越街道要通过空中廊道,这值得商榷。我赞成开拓地下空间的建议,机动车等交通工具避开二七塔和步行区,这样更有利于提升这一区域的商业价值和塔的文化价值,给步行者提供更多的活动空间,并营造一种缓慢休闲的情调。既然是步行区,就要把活动空间留给步行者,而不是车辆。三是二七塔与铁路有密切的关联性,是铁路文化的重要一部分。按欧洲的观点,车站是城市的大门,在这里就要看到与城市标志、城市形象相关的东西,这可以给国内外客人一种温馨的感觉。现在的状况是在车站看不到任何城市的标志性建筑。建议开辟一个良

张冠增

✢

好的视觉走廊,火车站与二七广场能够通视,在车站就可以直接看到城市的象征物——二七塔。四是强调二七塔区域的竞争性。目前市级行政中心、省级行政中心两个节点位置搞得非常好,两个点中间有一环,就是二七塔文化区,但二七塔区域有些混乱。希望把这个节点的作用进行强化,三个点在空间上能够统一起来,更好地体现二七塔的商业价值和文化价值。

张冠增(博士,同济大学建筑与城规学院教授)认为,郑州很重要的一张牌打得不够好,那就是铁路文化牌。郑州是铁路枢纽城市,郑州北站是亚洲最大的铁路编组站,郑州铁路客运站是全国最大的客运站之一,每天有几十万的旅客被迎来送往。郑州火车站设计建设得很好(起码功能上是这样),内部管理也比上海、广州好。国外在进入后工业化时代以后,把前个时代的许多工业文化作为重要的遗产来对待。不仅仅少林寺、龙门石窟是文化,铁路也是文化,铁路文化是工业文化很重要的一部分,而二七塔又是铁路文化的一个缩影,现代化发展的一个里程碑。在欧洲,车站本身就是文化中心。而且现在联合国教科文组织非常重视对工业文化遗产的保护。我们不敢说郑州的铁路文化在包装之后可以申报世界遗产,但郑州的铁路文化在全国确实是独一无二的。

　　张冠增强调:"据我所知，郑州在城市的东南角搞了一个世纪欢乐园——火车主题公园，这还远远不够。实际上我对潜在的专题博物馆的内容统计了一下,大概可以列出十几项,因而可以建造一系列的博物馆。我建议把车站区和二七塔区这两个被隔离的空间连成一片,形成中国最大的铁路文化区,在二七广场附近搞一个铁路文化博物馆或铁路文化中心，举办铁路文化博览会,展出中国铁路技术、中国铁路文化,甚至包括中国铁路民俗文化等等,运作得好可以成为郑州市的强势旅游产品,也可以带动整个城区旅游业的发展。郑州市区旅游业目前的状况是为他人做嫁衣。南来北往的客人都从郑州过,去洛阳、开封、少林寺,但在郑州市内停留玩味浸淫其中的情况就不多。郑州市内也有一些旅游景点，但这些孤零零的点远不如二七塔这一带中心区的旅游利用价值高。中心区这个巨大的旅游资源如果被忽略了,将是一个很大的损失。不能只重视外围,忽视了中心区。"

　　邹跃进(博士,中央美术学院美术史系副教授)认为,市场经济的高度发展有时候把一切都变成商品,把一切都变成可消费的对象。社会科学工作者的一个责任,就是研究怎样通过空间的建构和具体的操作把文化的东西呈现出来，而不仅止于被商业

✢

利用。现在二七塔就处在一个被消费利用的境况,所有商家都认为这里有赚钱的机会。但天安门为什么就不会被利用被消费?因为国家的意志使它具有一种抵抗力,我认为二七塔也应通过地方政府的意志,使它处在我们所希望的一种环境之中。我不反对二七塔环境平民化,但平民化与商业化是两码事。

邹跃进认为,二七塔本身有很多的原创性。把塔放在城市中心本身就是一种创造。中国古代一般都是把塔放在世俗之外比较清静的地方,让纪念死者的塔或碑进入世俗的社区,有一个漫长的历史过程。当我们学习苏联把碑引入城市,让它成为纪念先烈的一种方式时,这种纪念性质的碑被市民称作塔,这是一种转换。后来倡导建设双塔的王辉先生可能相当大的程度上受到了这种影响。在一个公共空间,或者说在一个具有现代意义的广场上放置一座纪念塔,确实是一种创造。像郑州二七塔这样建在城市的中心,在全国都是比较罕见的。可能与本地文化背景有关系。据婴父先生的研究,从深层次讲,郑州市民对塔有特殊的偏爱,有"塔情结",因为塔是郑州宝贵的历史文化遗产。嵩山的古塔群是郑州有资格申报世界文化遗产的项目(2010年包括古塔在内的嵩山历史建筑群申遗成功——婴父注),其中北魏时期的嵩岳寺塔,是中国最早的砖结构塔和中国存世最完整最古老的

邹跃进

✝

地面建筑。另外，二七塔集古代亭台楼阁各种形制和功能为一体，原本塔和楼阁两种建筑的功能是对立的。塔是封闭式的，楼阁是休闲、登高、养性的，是与自然相结合的开放式场所。二七塔还吸收了欧洲建筑的元素，形成这样一座具有一定艺术性的建筑，这种结合至少是一种创造。另外，从"文革艺术"研究者的角度看，二七塔所使用的元素对"文革"时期有一定的反抗性。"文革"时期所选用的艺术形式主要有两种，一种是官方的，一种是民间的，即农民使用的文化，然后再加上西方的正统文化。二七塔所用的建筑元素与这种代表统治者意志的严肃的正统文化形式是有差异的。

何向阳(河南省社科院文学所所长、研究员)认为，考察一座城市，就要寻找它的核心，即这座城市的标志性建筑。我们讨论二七塔、二七广场与城市的关系，其实就是在了解郑州这座城市的"底细"——龙应台女士有一篇文章，名字叫作《谁的城市》，文中说道："没有一个广场不泄露这个城市的底细。"这句话说明了广场与城市的关系，说明了城市的外在形态与城市文化之间的内在关系。文学中还有"冰山理论"，如果把文学语言比作冰山露在上面的尖，那么海水下面是文化的、深厚的、波澜壮阔的、暗流涌动的一种局面。如果借用"冰山理论"，把二七塔这座标志性建

何向阳

✝

筑比作冰山露出海面的部分，那么隐藏在海面之下的是城市市民集体的价值观念、处世态度、审美观、想象力以及生命哲学等——中国的建筑包含了很丰富的生命哲学内容在里面，同时具备了史的价值、诗的价值和思的价值。建筑确实是一种宏大的叙事，包括历史的、文化的、诗情的等许多内容。透过建筑、广场我们可以窥探城市的底细，郑州的底细是什么呢?塔在文化中是一个坟墓的变形，是把有身份地位的人的肉身引入天国或进入轮回的象征物。二七塔的建筑元素是一个混合体，是传统文化和现代意识形态的混合体，而且混合得比较圆润饱满。3600多年历史的老城与几十年历史的塔也是一种糅合，这就无形中透露了郑州的灵魂。如果说北京城的灵魂以天安门为标志物，代表天子之城;上海的灵魂以上海外滩、新天地为标志物，体现殖民主义和本土文化的结合，资本力量的冲动和文化观念固守的平衡;那么郑州的灵魂应该是混合的，是英雄主义与平民气质的混合，是古老历史气息与少年朝气的混合，是继承与创造的混合，这是二七塔作为郑州的标志物告诉我们的。但是也许这种"告诉"在表达上是暧昧的，模糊不明的，是需要整理的。

董卫(博士，东南大学教授)认为，郑州是一个国家级的历史文化名城，同时又是一个在现代中国革命史上具有重要地位的

董卫

✝✝

城市。"革命"这个词在我们现在这个时代谈起来可能有点滑稽感,但它确实是实实在在的历史。城市由大大小小的历史事件所构成。事件是一回事,事件带给我们的信息又是一回事。一个历史事件可以分为两部分, 一部分是史实,一部分是对史实的评价。不同时代的人对史实会有不同的认知和评价。一个事件要想长期存在于人们的记忆中,必须具有意义,这个意义又必须为社会认可和接受。二七塔最基本的意义在于它的社会政治意义。而且由于革命成功了, 它的社会意义才凸现出来, 才被载入史册。如果革命失败了,它就仅仅是一抹水痕,很快就洇开了、销迹了。塔与周边环境的关系是城市发展的一种文化表现。举一个南京的例子。南京的新街口非常有名,广场中心曾放有一尊孙中山先生的雕像。后来城市与雕像的尺寸、比例慢慢在改变,关系逐步失谐。再随着时间的推移,雕像变得无处安身了,至少现在修地铁的时候已经把它拿掉了。这和二七塔是一个很有意思的比较,二七塔与孙中山雕像相比要幸运多了,它周围的繁华程度不比南京新街口差,但它却保留下来了,并秉承着一种精神,成为城市的标志物。分析起来,这是非常好的一件事,是郑州城市文化的一种韧性和定力。二七塔的设计采用了象征主义手法,是对中国传统文化的一种延续。虽然西方也采用象征手法,但中国的象征手法与西方不同,中国的象征手法多采用观念上的象征。而

李百浩

✝

且也绝不能用西方的语言来描述或诠释中国的传统 (例如对这座塔的解释);从城市的角度看,二七塔是郑州整个城市文化链条中的一环, 是古代文化与现代文明的一个转折点和连接点。通过对二七塔的研究, 应该对从商周以来整个郑州的历史文化资源进行一次新的整合,对城市功能和意义进行新的拓展、规划和诠释,这对郑州重建文化自信心具有重要意义。

　　李百浩(博士,武汉大学建工学院院长、教授)认为,每个地方都要有自己的专家研究本地的特色文化或者叫文化特色,不断发现,不断阐释,不断传播。郑州是个伟大的城市,但老实说很多人有这个印象却一直不知道伟大在哪些地方。上海之所以这么有名气,很大程度上是因为有众多的学者在研究它,人们会从不同的方面观察它解读它。郑州还应该从学术的角度多出书,多制造话题,来扩大郑州的名气,扩大正面的影响。一座二七塔是郑州近现代史的一个缩影,因而"一座塔与一座城"这样一种研究思路和理念是成立的。下一步的工作要围绕几个方面:首先是围绕塔,围绕塔与城的关系进一步挖掘,使用先进理念对城市历史义化积淀尤其是近现代部分进行研究, 加工成有影响力的文化产品。其次是围绕这个中心进一步研究城市规划、道路交通、文化设施、景观设计等等。冯玉祥在主政郑州的时候,这个地方曾经做过一个规划,规划采取的是西方的模式。新中国成立后,随着苏联专家参与我国的工业建设和铁路建设,把苏联的带有古典主义的规划思想也带入了中国,包括广场、环状路等等,郑州也或多或少地带有这种规划的影响。一代一代的规划师对郑州城市中心区(二七塔一带)的规划设计做了大量的工作,我们要把这项工作传承下去,经营下去。也许这个地方会成为中国城市规划史、城市设计史上最经典的案例。对塔本身包括它的建筑形制、艺术性与技术性和文化内涵,也要进行分析概括,总结中国的、西方的元素是怎样在它身上融合的。要对二七塔这个区域的文化进行更深入细致的梳理,总揽全局,深度挖掘。另外,二七塔当初的涵义和现在的意义已经发生了转换,现在是一种文化主题、旅游主题。要注意对这两种主题的开发利用,要把城市文化转换为城市的竞争力、城市经济的平台。

王鲁民(博士,深圳大学建筑与城市规划学院教授)认为,铁路、二七大罢工和现代郑州的存在与发展关系密切。在相当长的时间里,二七塔是郑州精神和文化价值的主要承担者,或者说,在一定时期,只有这座塔能够称得上郑州市的标志。二七塔从诞生伊始,就在郑州城市空间的组织、尺度确定、风貌特征的形成上起着至关重要的作用。现在建成之后的二七塔,随着城市

✝

建设量的增加,更是对城市核心区的环境有着特殊的控制、引导和制约的作用。对二七塔的研究,对于重新梳理城市景观构成、探索城市意象的脉络具有非常的意义。

在对郑州城市景观变迁的相关调查中可以看出,上世纪70年代初建造的手工业大楼、纺织品大厦、二七宾馆等,建筑层数的设定、建筑形式等都充分考虑了要和二七塔相配。当时以二七塔50多米的高度,对于周边建筑来说自然是鹤立鸡群,这些建筑也就较容易与之协同,共同形成二七塔为主导的城市核心空间。但改革开放以后,随着在城市中心区新的大型建筑的设置要求的提出,这些新建筑与之协调的问题就成了一个难点。亚细亚商厦、天然商厦、华联商城的建设,都对城市规划和建筑设计工作者形成挑战。从城市尺度和空间组织变迁的角度看,二七塔是郑州城市景观变迁史的一个枢纽,成为了不同时代的衔接者。从塔本身造型看,它是一个奇特的东西。传统的塔自下而上一般都是节奏加快,下面的层高较大,上面的层高逐渐缩小,而二七塔则各层高度大致相同,顶层的高度甚至还要大些,这就造成了其与古塔的重大差别,给人某种新颖的感受。现在的二七塔的建设,从一开始就得到了市民的高度认同,并且在很短的时间内,塔就被郑州人普遍接受为自己城市的象征物了。它的图案,作为

王鲁民

✝

郑州市的标志在广泛地使用。可见一个被认同的地标对于城市的必要性。标示性的景观对于城市乃至地域的认同价值值得人们特别关注。

新世纪以来，郑州城市经历了翻天覆地的变化，林立的高楼、宏大的新区使得二七塔在郑州景观系统中的地位不再是一枝独秀，但它仍然在郑州的文化精神塑造上有着独特的地位，对于老郑州来说，它是一个引起乡愁的要点。

王守国(博士，《大河报》副总编，文学评论家)认为，武汉的黄鹤楼、杭州的六合塔，这些建筑的知名度要比二七塔高很多，但从建筑与城市的血脉或骨骼联系的意义上，它们的地位与价值恐怕都要低得多。郑州人对这座塔高度认同，而这种认同很少是来自于建筑或艺术角度的思考——大家的认同应该说是来自一种生活经验，来自于切身感受。正像婴父报告中讲的，郑州目前的常住人口中大约有三分之一都和铁路有着直接或间接的联系。郑州市民生活和二七塔的关系有多么密切，从新闻的角度可以举例说明。例如，报纸对照片的需求量非常大，当我们遇到突发事件急切需要照片时，或者照片因为其他原因被撤下需要补救时，大多数情况下都会选择二七塔的照片。《大河报》出现在第

王守国

✝

一版的二七塔的图片就有很多。没有一种高度的认同，二七塔一而再，再而三地出现在地方主流媒体的头版上，是不可想象的。再比如报道关于正月十五焰火晚会、北京申奥成功等全民性的节庆或庆祝活动时，郑州的新闻工作者一般都要在二七塔附近获取图文信息，其他任何建筑都不能替代二七塔指代省会郑州。

王守国认为，把二七塔放在中原文明这个大背景中去看，也有独特的意义。整个中原文化、中原文明能够走在中华文明的前列，是在三皇五帝时代肇始、夏商周时代奠基的，南宋之前保持领先记录，有数千年的历史长度。南宋之后，中原式微，难以代表中华文化和中华文明。二七塔和二七大罢工，作为一个政治符号和文化符号，是中原复兴的象征，是当时先进生产力的代表。现在的中原城市群格局的形成，与当时十字形铁路大交叉在河南的形成有直接的因果关系。现在以二七塔为中心的二七商圈商业业态丰富，人气极旺，在郑州城市经济发展中地位依然不可低估，仍然处于郑州乃至河南商业服务业的制高点上，从而对郑州市实实在在产生着深刻的影响。无论是在中原文化、中原文明的发展史的意义上，还是从这座塔与郑州市民在政治生活、经济生活的高度关联上，二七塔的表现都是非常抢眼的。《大河报》开办了一个栏目叫"厚重河南"，当时提出的一个口号就是"走到历史现场,回到历史深处",紧紧抓住当代人和历史的联系去解读、审视和再现我们河南悠久的历史，以及这种历史在当代河南人物质生活和精神生活中的存在状态和发展走势。二七塔的研究应该是"厚重河南"这个栏目中含金量极高的近现代史选题。

刘荣增(博士,郑州市旅游局副局长、郑州大学教授)认为,二七塔是郑州城市"可意象性"的一个关键。美国著名学者凯文·林奇在 40 年前首次提出了通过视觉感知城市物质形态、评价城市的研究方法。从城市的总体出发探讨城市空间的秩序,他提出的"城市意象"一反过去貌似客观的学院派构图法则,引入市民的心理因素,开创了现代城市空间研究的先河。其学说认为人们对城市的理解总是与其他一些相关事物混杂在一起形成部分的、片断的印象,通过可见、可忆的部分城市景观构成对整个城市的意象。当人们坐在家中或闭上眼睛勾画城市轮廓时,首先想到的是什么区域或标志性建筑。一个高度可意象的城市 (外显的、可读的或是可见的)应该看起来适宜、独特而不寻常,应该能够吸引视觉、听觉的注意和参与。二七塔作为郑州一个整体生动的物质景观,在人们对郑州的意象中,起到了不只是被看见,而是清晰、强烈地被感知的作用,在人们头脑中很容易形成清晰的记忆符号和基本读点。尽管清晰与可读不是城市美丽的唯一重

✝

要特征，但在涉及城市尺度的环境规模、时间和复杂性上，它具有特殊的重要性。某种意义上讲，它是市民或外来人员认识城市和感知城市的一把钥匙。凯文·林奇曾说："一处独特可读的环境，不但能带来安全感，而且也扩展了人类经验的潜在深度和强度。"二七塔正是郑州的独特可读的环境。

刘荣增谈及个人的生活经验："二七塔作为省会郑州的标志，长期以来通过各种传媒和图片在省内外很多场所传播，从感官和意识方面，先入为主地影响到很多人，他们从未到过郑州，而首先熟知的便是二七塔。我个人的经历也说明了这一点。我出生在距离郑州300多公里的一个偏远农村，15岁之前基本没到过县城，当时我对郑州的第一感知便是二七塔。主要基于十岁的时候我家的一张二七塔黑白照片，图像很是清晰，不知当时父亲在何处得来(他也从没有到过郑州，直到我研究生毕业分配至郑州前)，一直摆放在我家的'神台'(农村传统放在堂屋中央的泥台)上。对于幼年的我曾经产生过强大的诱惑力，进而也一度转化为内在驱动力，郑州由于省会地位和我对二七塔的认识而成为我追求和向往的圣地。研究生毕业后，我终于如愿以偿地来到了郑州，来到二七塔脚下工作，成为一名郑州市民。记得我做的第一件事是把父母接到郑州，带他们到二七塔下，亲身感悟

刘荣增

✝

二七塔，并留下我们和二七塔的第一张合影。在郑州的十多年中，二七塔又以它所处的独特的商圈地位成为我在郑州出入频度最高的场所。在我对郑州的城市意象勾勒中，二七塔自然而然地成为郑州城市围棋棋盘上落下的第一枚棋子。"

李媚(《东方艺术》主编、影像艺术家)认为，二七塔的价值中有许多影像和图像的贡献，同时，市民百姓对塔的一致认同形成的机制值得认真研究。为什么二七塔对郑州市民生活的方方面面产生了那么普遍的影响?为什么它会一次又一次地被复制，频繁出现在商标、粮票甚至是宴会的桌签上?这后面有一个特别值得我们去想的问题。我们今天看到的这些物品可以带来视觉上的惊讶，但还不能完全解释为什么它会成为一个不可替代的、和市民最有关联性的一个标志。我认为一个市民不会特别关注这座塔所代表的工业文明，他是不会故作严肃从历史从学术角度去思考的。在郑州十大旅游景点评选中，二七塔获得了市民14万多张选票，名列第7位，这说明二七塔在人们心目中占据着一个很重要的位置，是一个大众认同的城市标志。作为一个外地人，我在初次来到郑州之前，对郑州的印象就是这座塔。它是通过什么方式传到我脑海里的呢?我想是通过它的图像影像，那种红色的线描的形象和有关塔的照片。我认为，要研究这个课题，

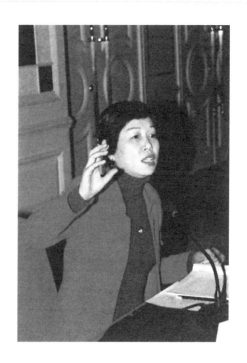

李娟

✣

可以采访郑州市民,采集各种塔的故事,通过对故事的解剖,了解塔和普通老百姓的关系, 了解市民对塔的这种认同感到底来自何处。是源于塔给他带来的荣誉感、归属感、方位感吗?我特别想知道。市民生活离政治看似很近,其实很远,有些政治概念和政治活动是强加给市民的。但塔的认同是另外一回事,市民在繁忙疲惫的工作之余,有一种朴素的荣誉感的需求。市民相当关心城市形象,关心所居城市的外部评价。二七塔矗立在市中心,市民认为它形体高大,建设速度飞快,充满传奇色彩,一致认为这座塔是好的,给城市形象带来了光彩。专家们会从城市规划学、现代建筑学和古建筑研究等专业角度去思考这座塔建得是否地道,市民不会这样考虑。市民们会认为城市形象的改善会增强大家的凝聚力,会带来外界的青睐,从而带来发展的机会。确实因为它产生了一种荣誉感和自豪感。这座塔又是城市的标志性建筑和象征物,人们对它又有了一种归属感。另外,由于二七塔标志的反复使用,使它的无形价值迅速增值,使用它可以用较小的成本获得较大的收益,用较小的投资可以获得较好的宣传效果,这是一种经济价值的积累和叠加,图像影像显示了威力,其作用不能低估。

鲁虹(深圳美术馆研究员、国家一级美术师)认为,不同的时

鲁虹

✝

代背景和政治背景下对相同的一个建筑会有不同的见解。记得
在刚粉碎"四人帮"之后,当时有位建筑学家以批判极左思想的
态度去评价二七塔,认为它是一个连体婴儿,是一个怪胎,是一
个附会政治含义的奇怪的建筑。在当时那个背景下,一个建筑学
家对"文革"非常反感,写了这段话不足为奇。一座建筑的含义是
一个不断建构的历史过程。现在郑州市民不再把二七塔作为政
治符号来使用,而是把它当作城市的象征和精神寄托的场所。当
下的意义最终会让位于历史的意义,政治的意义最终会演进为
文化的意义。关心二七塔和其他城市文化实体的价值,延伸开
来,应把和百姓密切相关的历史故事、有影响力的事件进行梳
理、包装、开发,这是低投资强度高文化含量的工程,这会形成有
别于其他城市的鲜明的具有唯一性的文化特色。

孙振华(博士,中国雕塑学会副会长、深圳雕塑院院长)认
为,二七塔的历史是一个建筑与人群的交流史、对话史。一个公
共建筑或一个雕塑作品,它是一个与社会不断对话的过程,它是
不断生成的、动态变化的,它的意义也是会变化的,并不适用种
瓜得瓜、种豆得豆的公式。建造者的主观意图与建筑物产生的最
终效果不一定吻合。它是过程性的,一座建筑不是凝固的,只能
放在一个城市和社会中去对话,结局是好是坏当时并不知晓。它

孙振华

✝✝

是由于价值积累所产生的,是一种正价值的积累。具体到塔是如何被接受的,有三点主要因素值得强调:一是故事。一个有魅力的城市一定是一个有故事的城市,塔本身承载着故事,这些故事凝聚着一些共同的经验,人们因认同故事而认同塔。二是时间。时间会产生一种间距的作用,过去我们常说距离产生美感。一些公共建筑的影响是靠时间的流逝而塑造出来的,不是建筑本身有什么意义,而是时间赋予建筑一种什么样的意义。塔凝固的是一个苦难的记忆。随着时间的推移,原来的一些记忆和功能逐渐消失,一些新的价值和功能在不断塑造。三是环境。良好的环境是场所的体验所产生的一种亲和作用。许多更好的塔没有产生像二七塔一样的显著影响力,是因为没有处于一个合适的环境、场所,或者说没有处于焦点位置。二七塔处于市中心,市民每天都能见到,与它不断地有一个接触,有一个对话,有一个约会,所以日久生情是自然而然的。

孙振华认为,一座建筑物能够获得这样的价值和意义,之所以能得到这样的肯定和赞美,一定是对话的结果:与城市居民的对话;与城市环境的对话;与不同的知识、学科的对话……正是在对话的过程中,它的意义在不断地生成和敞开。二七纪念塔一旦置放在规划学、建筑学、艺术学、历史学、经济学、文化学、社会学等不同的学科背景中，它与这些学科的对话向我们呈现出丰富的价值侧面和令人难以预料的意义。二七纪念塔的立体、网状的敞开，使它呈现出多不胜数的进入路径：历史学家在这个历史现场，通过塔的"在现场"，看到了由它所牵连出的一系列历史事件；环境艺术家在这里，看到一个关于历史现场的景观演绎和变迁的过程；建筑史家在这里看到的是，在一个特定的历史时期，建筑所曾经有过的设计方式和施工方式；艺术史家在这里看到的是，一座塔是如何成为一个城市的视觉表征，如何被符号化的过程；规划学家在这里看到的是，由于塔，城市中心如何生成，它与城市功能、与城市道路交通相互关系的演变；社会学家在这里，看到的是这座塔所代表的社会重心的跌宕起伏，社会记忆的彰显和淡化，社会心理的移动和流变；城市学者在这里看到一座塔如何成为城市品牌，如何成为城市的礼仪场所，如何成为旅游观光的资源；法学家从一个普通市民争取有关塔的规划设计的参与权而引发的"民告官"的官司中，看到市民权利意识的增长，以及公共空间权力秩序的变化……一切都是对话的结果；一切意义都没有预设；一切的意义在城市的阅读过程中生成；一切的意义被时间赋予；一切的意义被特定的地点、特定的故事、特定的要求所决定。有心栽花花不发，无心插柳柳成荫。这里没有线性的因果，没有机械的决定论。或许我们再也很难说，"创作一个

✝

建筑精品""选择一个精品方案"这样的话了,因为到底是否精品我们真的无法预料。在这个方案还没有和城市接触以前,没有和这个城市产生对话关系以前,很难知道它将来会不会是精品,因为故事还没有发生,我们也不知道未来会有什么故事。况且还有这样的可能,我们播下的是龙种,收获的可能只是一只跳蚤。或许我们再也不会轻言,把一个看相不怎么好的建筑拆掉,一旦它与某个城市产生了特定的关系,一旦它负载了一个城市故事,一旦它保留了一段历史的记忆,那么,它的看相、它的视觉审美要让位于它的社会意义。况且,就是一个最一般的建筑,甚至是一个有设计错误的建筑,只要它有意无意地保存了五百年,它就一定是一个宝贝。或许我们再也不能把建筑活动只是当作一个所谓的专业活动,而把普通的公众排除在外了。对于社会学方法的强调,我们将考虑一个建筑,特别是一个公共建筑的民意基础,我们将特别尊重公众的意见,公众的趣味、爱好,他们的需要和评价都需要有特定的方法和途径反馈到城市的管理者和建设者那里,而像《一座塔与一座城》那样所采取的实证的、调查问卷的、现场采样的、文献学的诸种方法,将成为我们考虑任何城市建筑问题时可能参考的方法。

或许我们将以一种新的视线重新审视规划师、建筑师与公

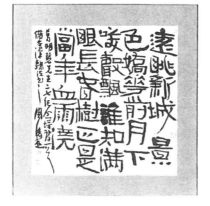

①	②
③	④

① 油画家笔下的二七塔　雷双　画

② 儿童眼中的二七塔　殷庭颢(8 岁)画　2003 年　郑州市经三路小学 2.2 班

③ 书法家笔墨间的二七塔　周俊杰　书

④ 漫画家笔下的二七塔　王林　画

✣

众的关系。规划师、建筑师不再只是主动的给予者,而公众只是被动的接受者;规划师、建筑师不再永远是启蒙者、教化者,而公众只是永远的听众和学生。在新的视野中,规划师、建筑师与公众是互动的关系,他们的区别只是专业的区别,而当他们共同面对社会的时候,他们具有平等的发言权,公众有权参与整个城市规划、建设的全部过程,并对规划师、建筑师的工作保留有批评和监督的权利。当社会的公共空间的权力真正发生变化以后,我们可以说,这时的社会真正是一个公民的社会,是一个民主、共享、参与的社会。

拾伍　一个多元与复合叙述

对二七塔的解读、认知丰富而多样,不同机构不同人群对它有不同的认知:

国家和省、市有关部门认定它是"中小学爱国主义教育基地""红色旅游景区""精神文明建设先进单位"……

有人评价说:它是"不忘初心,牢记使命"主题教育的最佳课堂;

有人说:它是郑州城的脊柱;

有人说:从城市历史地理的结构看,它是古城郑州与现代郑州的契合点;

✢

有人说：它是解密郑州城市文化内涵的一把钥匙；

有人说：它是郑州发展的一种精神驱动力量；

有人说：它是郑州的一处精神高地和一处文化容器；

还有人说——

它是一件公共艺术品；

它是城市设计的一个难点；

它是城市交通的一个瓶颈；

它是一种文学意象，是宏大叙事与私人叙事的交合；

它是郑州人共有的"家庙"；

它是郑州城市风水中的镇物；

它是一个地理方位；

它是以郑州为中心的河南公路网的原点；

它是外国人、外地人来到郑州窥视本地文化、了解当地历史的孔道和窗口；

它是郑州的一个客厅；

它是夜归时为你指路的那盏明灯；

它是青年男女"月上柳梢头，人约黄昏后"的地方；

它是不夜之城中的一处灯火楼台；

它是郑州出镜率最高的地方；

它是郑州市民开展丰富多彩的都市生活的一个背景；

它是城市景观变迁的目击者和证人；

✝

它是一笔巨大的无形资产；

它是一个常说常新的话题；

二七塔的故事将继续流传下去，二七塔与这个城市的对话则正在进行中。

…………

本书历史信息提供者和访谈者名录

(以访谈时间为序)

历史信息提供者(接受访谈的当事人或权威见证者,共 23 人,人物诸多身份中只选注与本书主题相关者):

袁镜身 建设部建筑设计院院长

司斌克 郑州"二七烈士"司文德之孙

王 辉 二七塔建设主导者,曾任郑州市委第一书记

刘征远 河南省建设厅副厅长

周培南 郑州市建筑设计院建筑师

胡诗仙 郑州市建筑设计院建筑师

任俊杰 郑州铁路分局客运段工人

崔　巍　郑州市建一公司副经理,二七塔建设工地负责人

杨焕成　河南省文物局局长

杨国权　郑州市建筑设计院建筑师

林铭述　郑州二七纪念塔设计人林乐义先生之子

薛学礼　郑州二七纪念馆馆长

马裕民　郑州二七纪念馆职工

叶运奎　郑州市规划局总工程师

张泽高　郑州市规划局局长

林少清　粮食部郑州科研所建筑师

樊鸿卿　河南省建筑设计研究院副院长

崔　恺　中国建筑设计研究院总建筑师

朱翔武　中共郑州市市委常委,新中国成立初期市级领导

段利民　郑州市建一公司董事长

张江山　郑州二七纪念馆馆长

张玉香　郑州市建一公司职工,二七塔工地广播员

齐岸青　郑州市文化局(文物局)局长

访谈者

共 20 人

婴　父　王鲁民　杨　春　程忠民　于德水

赵富海　张胜利　刘荣增　曹　阳　司秒争

王明贤　刘　岩　梁远森　林铭述　李建梅

朱宝山　郭程明　李建伟　丁利荣　李海燕

参考书目

1.范强.居留与游走[M].北京:中国旅游出版社,2001.

2.婴父.九场所——一座城市的视觉经验[M].北京:中国摄影出版社,2003.

3.孙振华,鲁虹.公共艺术在中国.香港:香港心源美术出版社,2004.

4.中国建筑设计研究院.建筑师林乐义.北京:清华大学出版社,2003.

5. 北京市规划委员会北京市城市规划学会. 长安街——过去·现在·未来.北京:机械工业出版社,2004.

✝

6.郑州市地方史志编纂委员会.郑州市志.郑州:中州古籍出版社,1997.

7.郑时龄.建筑批评学.北京:中国建筑工业出版社,2001.

8.邹德侬等.中国现代建筑史[M].天津:天津科学出版社,2001.

9.龚德顺,邹德侬,窦以德.中国现代建筑史纲.天津:天津科学技术出版社,1989.

10.河南近代建筑史编辑委员会.河南近代建筑史.北京:中国建筑工业出版社,1995.

11.陆地.建筑的生与死——历史性建筑再利用研究.南京:东南大学出版社,2004.

12.郑州市地方史志办公室.郑州大辞典.郑州:中州古籍出版社,2002.

13.王佐.城市公共空间环境整治.北京:机械工业出版社,
2002.

14.布莱恩·劳森.空间的语言.北京:中国建筑工业出版社,
2003.

15.周正楠.媒介·建筑:传播学对建筑设计的启示.南京:东
南大学出版社,2003.

16.卡斯腾·哈里斯.建筑的伦理功能.北京:华夏出版社,
2001.

17.陈立旭.都市文化与都市精神:中外城市文化比较.南京:
东南大学出版社,2002.

18.凯文·林奇.城市意象.北京:华夏出版社,2001.

19.刘捷.城市形态的整合.南京:东南大学出版社,2004.

20.杨永生.建筑百家轶事.北京:中国建筑工业出版社,2000.

21.俞晟.城市旅游与城市游憩学.上海:华东师范大学出版社,2003.

22.顾孟潮,张在元.中国建筑:评析与展望.天津:天津科学技术出版社,1989.

23.董鉴泓.中国城市建设史.北京:中国建筑工业出版社,1989.

24.张新彬,李枚.郑州故事.郑州:河南人民出版社,2009.

25.张晓兰.我与二七纪念塔的故事.郑州:河南人民出版社.2011.

26.郑州市档案馆.郑州解放.北京:中国文史出版社.2017.

后记

　　二七塔是郑州的标志性建筑,也是郑州的城市文化符号。

　　标志性建筑和城市文化符号还是有区别的。如果一座建筑被公认为城市的标志性建筑,它至少要满足几个条件:一是设计方面的原创性——不是仿品;二是建筑形体的独特性——具有较高的辨识度,看上一眼就认得出来它所在的城市或者所在的街区;三是功能方面的公共性——是公共资产,对使用者体验者没有身份设定;四是环境方面的兼容性,它必须是"环境友好型"的建筑,能够美化、优化周围环境而不是相反。

　　每座城市都会有自己的标志性建筑(大城市甚至会有一批,能列出一个长长的清单),但有些城市的文化符号并不一定非建筑物不可,也许是山河湖泽、流泉飞瀑等,也许是美食器物、地方土产、花草纸鸢、剪纸年画。一座建筑若被认定为标志性建筑的同时它还被公推为这座城市的文化符号，那它除了满足前面所述的几个条件之外，还需要同时具备以下几个晋升条件：一是与城市发展史和市民心灵史的关联性，能够讲述城市故事，显露城市性格；二是作为文化产品或公共艺术品的稀缺性甚至唯一性，人无我有、人有我优，在其他城市看不到同样的形象；三是受到多数市民的喜爱，享有较高的尊崇度；四是在全国广为人知，已经具有相当的知名度美誉度，而不是新鲜出炉惊艳一时未来可期。能够真正达到这样标准的建筑，即便是大城市也不过一两例而已，如北京的天安门、天坛，上海的外滩（建筑群）、一大会址，南京的中山陵、长江大桥，广州的中山纪念堂、五羊石像，西安的大雁塔、鼓楼，武汉的黄鹤楼，重庆的解放碑，哈尔滨的圣索菲亚大教堂，南昌的滕王阁、八一南昌起义纪念塔……当然，还有郑州的二七纪念塔。这些建筑，都是所在城市物质文明、精神文明、制度文明发展史上的精彩篇章，是这些城市最独特的景观片段，最醒目的文化橱窗，最动人的眉眼表情。

和大多数人一样，笔者幼年5岁（1965年）前后才开始具有长期记忆能力，那时候关于这座城市印象的记忆存贮片片断断，虽像素不高，且时光漫漶，不免褪色，但封藏至今终未能忘，仍可循迹还原当时情境。以一个儿童极为有限的视觉经验，当年因为一些特殊的经历,郑州有两个地方让我倍感新奇不凡:一处是二七广场的二七塔,另一处是人民公园太康路南门内的胡公祠。胡公祠当时的功能是个小卖部,大人领着去公园游玩的时候,在里面给我买过棒棒糖,那种水果味的香甜至今犹在唇齿。胡公祠宽宽大大五脊六兽器宇轩昂,如同故事里神仙住的地方,大房子端踞台基之上威严自生,台基有台阶可以跑上跑下,很是好玩。胡公祠前古树森然,光影斑驳,树下老人闲聊儿童嬉戏,有一种祖屋深庭的气象。二七塔比胡公祠更显神奇,它不像胡公祠那样有实际的用途,也不像胡公祠那样可以进进出出,但它好像更让人敬重——木质的塔身高大挺拔,站立在街心花坛之中,塔顶耸入天空,塔尖红星熠熠,塔的形象与其说是雄壮,不如说是俊逸,有一种清新的通灵之气,白天花木环绕,晚间灯火可亲。人们不能进入它,甚至不能靠近它触摸它,但人们依旧纷纷前来探望,汽车和行人以它为圆心环绕而行。塔本身无法游憩无法消费,但因为它的缘由,周边可游憩可消费的内容格外丰富,它半径一公里内成了郑州最有人气的繁华之地。当然,成年以后我才慢慢懂得什么叫"无用之用",懂得这种特殊的建筑和场所的价值所在。

二七塔的"木塔时代"我由大人带领多次趋近游观。夏季的某一天家属院邻居大哥哥带我来到这里,突然风雨大作,来不及

✝

躲避双双被淋成落汤鸡的窘态至今难忘。1971 年夏季新的二七塔开工在建时,我和小伙伴也曾闻风而至专程围观。站在远处,逆光中看着脚手架上的工人们人影幢幢忙忙碌碌,卷扬机上上下下不停运行,开始对"盖房子"的工作心生崇敬——许多年后自己有缘长期从事城市规划建设管理工作,追溯初心,这一刻应该算是接受启蒙教育的原点吧。

关于二七塔,郑州市民不同个体会有不同的个人经验,我相信,很多人的讲述都会精彩感人,意味隽永。

二七塔建成之后直至今日,也曾经历过相当复杂多元的舆论环境,例如 1990 年代的一个时期。因为工作原因,我参加过一些场合的讨论。1998 年我写了一篇短文《塔与城》(后来收入《居留与游走》一书,中国旅游出版社,2001 年)陈述了我的观点。2003 年在《九场所——一座城市的视觉经验》一书中,我又为二七塔专设一个章节展开评论。2004 年 10 月受中国雕塑学会副会长、著名艺术评论家孙振华先生之邀,赴深圳参加"公共艺术在中国"学术论坛,我参会交流的论文为一篇近三万字的长文,名曰《一座塔与一座城——诠解与叙事》,得到与会专家的认同。在这个基础上,经过必要的补充、拓展,2007 年写成《双塔记——一座现代建筑的前世今生》一书，由中国建筑工业出版社出版。成书过程中得到了深圳大学城市规划设计研究院院长王鲁民教授、中国雕塑学会副会长孙振华博士、中国艺术研究院建筑艺术研究所副所长王明贤研究员、《建筑师》杂志主编黄居正先生、郑州市文化局齐岸青局长、河南省摄影家协会主席于德水先生以及二七塔设计者林乐义先生之子、著名音乐人兼建筑摄影专家林铭述先生等在学术上和技术上的帮助；还得到了多位历史事件当事人、见证人的支持，这时候，他们有的年届古稀，有的已是耄耋老者，但仍然那样通达和睿智，为我提供了不少图像资料和珍贵的历史记忆，让我感动至深。十多年过去，一些老人驾鹤西归，他们关于二七塔的回忆已成绝响，这又怎能不令人扼腕叹息。

河南文艺出版社从重视红色文化资源开发、重视城市文化研究等多个角度支持对《双塔记》一书修订、增补、改名再版——今年适逢中国共产党建党 100 周年、二七纪念塔落成 50 周年，纪念二七工人运动，再讲二七塔的故事，此其时也。作为作者，我也以为这可以算作自己的一份微薄的献礼。在此也对河南文艺出版社编辑党华女士、总编马达先生的悉心帮助致以由衷的敬意和谢意。本书增益内容，得到了二七塔的建设者和守护者——

✣

郑州一建集团公司、郑州二七纪念馆的宝贵支持，在此一并鸣谢。

婴父

2021.3.28　郑州西流湖畔